BEI GRIN MACHT SICH IHR WISSEN BEZAHLT

- Wir veröffentlichen Ihre Hausarbeit, Bachelor- und Masterarbeit

- Ihr eigenes eBook und Buch - weltweit in allen wichtigen Shops

- Verdienen Sie an jedem Verkauf

Jetzt bei www.GRIN.com hochladen und kostenlos publizieren

Jessica Logemann

Frühkindliche Förderung der Sinnes- und Selbstwahrnehmung in Kindertagesstätten

Meine Ansichten über eine optimale Ausrichtung der frühkindlichen Förderung

GRIN Verlag

Bibliografische Information der Deutschen Nationalbibliothek:

Die Deutsche Bibliothek verzeichnet diese Publikation in der Deutschen National-
bibliografie; detaillierte bibliografische Daten sind im Internet über http://dnb.d-
nb.de/ abrufbar.

Impressum:

Copyright © 2009 GRIN Verlag GmbH
Druck und Bindung: Books on Demand GmbH, Norderstedt Germany
ISBN: 978-3-640-78136-2

Dieses Buch bei GRIN:

http://www.grin.com/de/e-book/162302/fruehkindliche-foerderung-der-sinnes-und-
selbstwahrnehmung-in-kindertagesstaetten

GRIN - Your knowledge has value

Der GRIN Verlag publiziert seit 1998 wissenschaftliche Arbeiten von Studenten, Hochschullehrern und anderen Akademikern als eBook und gedrucktes Buch. Die Verlagswebsite www.grin.com ist die ideale Plattform zur Veröffentlichung von Hausarbeiten, Abschlussarbeiten, wissenschaftlichen Aufsätzen, Dissertationen und Fachbüchern.

Besuchen Sie uns im Internet:

http://www.grin.com/

http://www.facebook.com/grincom

http://www.twitter.com/grin_com

Thema der Diplomarbeit:

**Frühkindliche Förderung der Selbst- und Sinneswahrnehmung
in Kindertagesstätten**

Meine Ansichten über eine optimale Ausrichtung
hinsichtlich der frühkindlichen Förderung der Selbst –
und Sinneswahrnehmung in Kindertagesstätten

Vorgelegt von: Jessica Logemann

Ort und Datum: Rastede, 27.07.2009

Inhaltsverzeichnis

2

1. Einleitung

1.1 Annäherung an die Thematik

Bei der Suche nach einem Thema für meine Diplomarbeit bin ich von meinen eigenen Interessen als Mutter sowie von dem Wunsch als Sozialpädagogin mit Kindern arbeiten zu wollen, beeinflusst worden. Nach diesem Studium muss ich mich um eine adäquate Betreuungslösung für meine Tochter bemühen. Es gibt zwei Möglichkeiten: die Betreuung bei einer Tagesmutter oder in einer Kindertagesstätte. Diese werben mit verschiedenen Angeboten zur frühkindlichen Förderung um die Gunst der Eltern.

Da ich als Mutter diesem immensen Angebot an Förderungsmöglichkeiten für mein Kind ausgesetzt bin, ist es mitunter schwierig zu entscheiden, welches Angebot wirklich das „Richtige" und inwiefern es überhaupt relevant für die gesunde Entwicklung meines Kindes ist! Ist zu viel Förderung vielleicht sogar schon eine Überforderung für das Kind?

Bei meinen Recherchen nach passender Literatur für meine Diplomarbeit stieß ich dann auf ein Buch von Jesper Juul – „ Das kompetente Kind". Er beschreibt eine Erziehungskultur, die ich mir für mein Kind wünsche. In seinen Ausführungen geht es unter anderem darum, die Integrität der Kinder nicht zu verletzen und seine eigenen Grenzen zu erkennen. Er misst der Selbstwahrnehmung und dem damit verbundenen Selbstgefühl einen großen Stellenwert zu.[1]

Ich stellte mir die Frage, ob bei den gesamten Angeboten, die den Eltern unterbreitet werden, ihr Kind bestmöglich zu fördern, auch die Förderung der Selbstwahrnehmung des Kindes beachtet wird? Desweiteren gibt es verschiedene Ansätze der Pädagogik für das Kind, die in diversen Kindertagesstätten praktiziert werden.

---

[1] Siehe dazu auch 5.1. Erziehungskultur im Sinne von Jesper Juul, S. 64ff.

Wird dabei auch die Selbstverantwortung des Kindes berücksichtigt oder spricht man hauptsächlich eine „pädagogische" Sprache, die vielleicht das Kind in ein fremdbestimmtes Korsett zwängt?
Natürlich ist es mir als Mutter ein Anliegen, meinem Kind die Möglichkeit zu bieten, sich in seiner Selbst- und Sinneswahrnehmung positiv zu entwickeln.
Auch als angehende Sozialpädagogin möchte ich gewappnet sein für die Arbeit mit Kindern, um ihnen einen guten Start in die Zukunft zu ermöglichen.
Welche Förderung ist also optimal, gerade in Kindertagesstätten, für das Anliegen aus Kleinkindern selbstverantwortliche und -bewusste Kinder werden zu lassen?

1.2 Aufbau der Arbeit

Zunächst möchte ich zum Verständnis die Begriffe „Selbst- und Sinneswahrnehmung" erklären und dann
auf die Entwicklung des Kindes nach der Stufentheorie von Piaget eingehen und die Entwicklung im Speziellen beschreiben.
In Kinderbetreuungseinrichtungen werden verschiedene Konzepte hinsichtlich der theoretischen und praktischen Pädagogik angewendet und ich möchte die für mich als wichtig Erachteten im Blickwinkel der frühkindlichen Förderung der Sinnes- und Selbstwahrnehmung darstellen.
Anschließend werde ich aus meiner Sicht- mit Bezug auf Ausführungen von Jesper Juul - beschreiben, wie eine Kindertagesstätte konzipiert sein sollte, um Kindern eine optimale Förderung der Sinnes- und Selbstwahrnehmung angedeihen zu lassen.
Zwischenzeitlich werde ich meine Arbeit mit einigen Beispielen aus der eigenen Praxis mit meiner Tochter ergänzen.

Ich benutze den Begriff „Erziehende" für Eltern und Erzieher(innen) gleichermaßen, der Begriff „Betreuer" stellt die Mitarbeiter einer Kindertagesstätte dar.

2. Zum Verständnis der Begriffe „Sinnes- und Selbstwahrnehmung"

Im Folgenden möchte ich die Begriffe „Sinnes- und Selbstwahrnehmung" nach meinem Verständnis erklären.

2.1 Sinneswahrnehmung

Unter Sinneswahrnehmung verstehe ich die bewusste und unbewusste Kommunikation mit unserer Umwelt. Wir nehmen unsere Welt mit Hilfe der Sinne wahr. Bestimmte Reize füttern uns mit Informationen. So erhalten wir zum Beispiel bei einem Spaziergang an einem verregneten Tag im Sommer verschiedene Informationen durch sinnliche Reize: über die Nase (der Geruch der Natur bei Regen), über die Haut (Regentropfen im Gesicht), über die Ohren (das Prasseln des Regens) und über die Augen (Pfützen, Regentropfen auf Blattwerk, vielleicht ein Regenbogen, etc.). In ihrer Gesamtheit können einzelne Sinneswahrnehmungen als ganzheitliche Wahrnehmung bezeichnet werden.[2]

2.2 Selbstwahrnehmung

Selbstwahrnehmung ist nach meinem Verständnis die Wahrnehmung der eigenen Person- das Ich. Eine gesunde Selbstwahrnehmung ist verbunden mit dem Gefühl für die eigenen Bedürfnisse und Wünsche. Bei einer ausreichend sicheren Wahrnehmung seiner

---

[2] Siehe dazu auch 3.2 Entwicklung der sinnlichen Wahrnehmung, S.15ff; vgl. dazu auch Wikipedia- die freie Enzyklopädie: Sinneswahrnehmung, www.wikipedia.org/wiki/Wahrnehmung.

Selbst und des damit verbundenen Selbstgefühls ist der Mensch in der Lage, sein Leben selbstbestimmt zu führen. Dieser Mensch kennt seine Grenzen, beachtet sie und beschützt seine Integrität gegenüber äußeren Einwirkungen. Er handelt selbstverantwortlich und unabhängig von fremdbestimmten Werten.

Kommt es zu einer Störung der Selbstwahrnehmung, beispielsweise bei anhaltender Verletzung der Integrität, so ist auch das Selbstgefühl gestört. Menschen mit dieser Störung unterliegen einer Selbsttäuschung. Sie setzen sich oft über ihre Grenze hinweg oder lassen zu, dass ihre Grenze von anderen überschritten wird. Ihnen fällt es schwer Eigenverantwortung zu übernehmen und ihr Leben richtet sich nach fremdbestimmten Werten. Was andere denken und sagen ist wichtiger (und richtiger) als die eigenen Wünsche und Bedürfnisse.

Auf Dauer führt diese Lebensweise zu Unzufriedenheit, Depressionen und sozialen Problemen.[3]

3. Sinnesfunktion und Beziehungserleben als ganzheitlicher Aspekt frühkindlicher Entwicklung

Um etwas über die Wahrnehmung von Kindern schreiben zu können, möchte ich vorab klären, wie Kinder wahrnehmen und wie sich diese Wahrnehmung mit dem Heranwachsen weiter entwickelt und verändert.

Die Wahrnehmung der Sinne des Menschen sowie seiner Selbst wirken zusammen mit der Entwicklung in vielen anderen Bereichen, z.B. in der Motorik, Kommunikation oder auch im Emotionalen, und

---

[3] Siehe dazu auch 5.1 Erziehungskultur im Sinne von Jesper Juul, S.64ff; vgl. dazu auch Wikipedia-die freie Enzyklopädie: Selbstwahrnehmung, www.wikipedia.org/wiki/Selbstwahrnehmung .

bilden so ein Ganzes. Geben wir dem Kleinkind keine Reize während seines Heranwachsens, so kann es zu Defiziten kommen.

Ein Kind, das kaum beachtet wird und nur wenig Liebe bekommt entwickelt sich beispielsweise emotional anders als ein Kind, welches die gesamte elterliche Zuneigung erfährt. Ein Säugling, der tagsüber nur in seinem Laufstall liegt, ohne Anreize von außen, wird sich kognitiv und daraus resultierend auch motorisch langsamer entwickeln und seine Umwelt anders wahrnehmen als ein Säugling, der herumgetragen wird oder dem der gesamte Raum mit kindgerechten Anreizen zur Verfügung steht.[4]

„ Das Neugeborene gestaltet von Anfang an seine Entwicklung mit. Es ist von Natur aus aktiv, aufgeschlossen und neugierig und wird aus sich heraus tätig. Es signalisiert seinen Bezugspersonen, was es braucht und wofür es sich interessiert.“[5]

Es ist sicher, dass Kinder sich weiter entwickeln, jedoch sind sie in ihrer Entwicklung auf die Begleitung ihrer Eltern oder Betreuer angewiesen. Die Qualität der Entwicklung und die Förderung der Selbst- und Sinneswahrnehmung hängen zum großen Teil vom Umfeld des Kindes ab.

Wenn man mit Kindern arbeitet oder sich als Elternteil mit seinem Kind beschäftigt, sollte man sich darüber im Klaren sein, was ein Kind überhaupt *ist,* wie unterschiedlich sind die Entwicklungsschritte vom Neugeborenen zum Kleinkind?

Noch vor einigen Jahren wurden Neugeborene als hilflose, Reflex- und Instinktgesteuerte Wesen dargestellt, vor einigen Jahrzehnten sprach man ihnen sogar die Fähigkeit ab, ihre Umwelt wahrzunehmen oder gar Schmerz zu empfinden.[6]

Ein Neugeborenes ist aber schon viel kompetenter als von vielen Menschen angenommen wird. Sicher ist es als solches hilflos und handelt reflex – und instinktartig, aber noch viel mehr als das tritt es

[4] Siehe hierzu vertiefend Spitz, 1974, Vom Säugling zum Kleinkind.
[5] Kasten, 2007, S.13.
[6] Vgl. Meichsner, Frankfurter Allgemeine, Artikel vom 29.04.2009, 1. Absatz, www.wissenschaft.de/wissenschaft/hintergrund/173117.html.

mit seiner Umwelt in Verbindung. Es teilt sich mit durch Schreien, Weinen oder freudiges „Gurren". Es kann sich ausdrücken und möchte uns auf seine Weise darauf aufmerksam machen, ob es Hunger hat, die Windel gewechselt werden sollte, ob es Schmerzen hat, müde ist oder ob es einfach die Nähe und Wärme der Mutter benötigt, um sich wohl zu fühlen. Und während seiner Entwicklung wird es immer kompetenter und lernt stetig Neues.[7]

„Entwicklung ist Veränderung im Verlauf der Zeit.

...

In der menschlichen Entwicklung lösen sich Phasen des vermeintlichen Stillstandes (Stagnation oder Stabilisierung) und Phasen der offenkundigen Veränderung ab." [8]

Die Entwicklung des Kindes in den ersten drei Jahren ist spannend und wunderbar für jedes Elternpaar. Zu keiner anderen Lebenszeit, abgesehen von der Entwicklung im Mutterleib, vollzieht der Mensch so große Sprünge in seinem Dasein.

Auch für mich als Mutter ist es immer wieder erstaunlich, wie schnell die Entwicklung vorangeht und wie meine Tochter ihre Umwelt und sich in dieser Welt wahrnimmt.

Man kann bei der Betrachtung der frühkindlichen Entwicklung auf verschiedene Theorien zurückgreifen, die uns dieses Wunder erklären wollen.

Entwicklungsprozesse können beispielsweise aufeinander aufbauen wie bei dem bekannten Stufenmodell von Piaget oder die Entwicklung in einem speziellen Bereich beschreiben.

3.1. Piagets Theorie der kognitiven Entwicklung

Der Schweizer Jean Piaget ist einer der bedeutendsten Entwicklungspsychologen des 20. Jahrhunderts und ich möchte auf ihn und seine Erkenntnisse etwas ausführlicher eingehen, da seine

---

[7] Siehe hierzu vertiefend Weöres/ Anders , 2006, Schwanger mit Nelly.
[8] Kasten, 2007, S.14f.

Arbeiten für andere Forscher größtenteils als Inspiration und als Anstoß für spätere Forschungen dienten.[9]

Nach Auffassung von H.Kasten ist eine der bekanntesten Stufentheorien *Piagets Theorie der Entwicklung des menschlichen Denkens und Schlussfolgerns.*

Piaget sah die kognitive Entwicklung des Menschen als selbstkonstruktiven Prozess, der sich stets durch die Interaktion zwischen Subjekt (Kind) und Umwelt vollzieht.

Nach Piagets Ausführungen ist der Mensch bereits als Säugling aktiv und kompetent, das menschliche Denken und damit verbundene Handeln entwickelt sich in Stufen, welche aufeinander aufbauen.[10]

„ Jede Stufe bildet ein integriertes Ganzes und bereitet den Weg für die folgende Stufe, auf der die Elemente der vorangegangenen Stufe zu einem neuen qualitativen Ganzen organisiert werden."[11]

Die Stufen in Piagets Modell werden außerdem immer in derselben Reihenfolge durchlaufen und gelten für alle Gesellschaften und Kulturen. Sie können nicht übersprungen werden, jedoch vom Individuum langsamer oder schneller durchlaufen werden und das Erreichen der höchsten Stufe wird nicht vorausgesetzt. Jede Stufe beinhaltet eine Anfangs- und Endphase, so dass sich ein stabiles Gleichgewicht einpendeln kann, damit eine kompetente Auseinandersetzung mit der sozialen und gegenständlichen Umwelt dem Individuum ermöglicht werden kann.

Piaget beschreibt die kognitive Entwicklung des Menschen vom Säugling zum Erwachsenen in vier Stadien.

1. Sensomotorisches Stadium (1. und 2. Lebensjahr)
2. Voroperatorisches Stadium (2. bis 7. Lebensjahr)
3. Konkret- operatorisches Stadium (7. bis 11. Lebensjahr)
4. Formal-operatorisches Stadium (ab dem 11. oder 12. Lebensjahr)[12]

---

[9] Vgl. Garz, 2008, S. 51f.
[10] Vgl. Kasten, 2007, S. 41.
[11] Kasten, 2007, S.41.
[12] Vgl. Kasten, 2007, S. 42; vgl. auch Garz, 2008, S.68, zit. nach Piaget, 1973, S.62ff.

Da ich mich auf die frühkindliche Entwicklung der Wahrnehmung des Selbst und der Sinne beziehe, möchte ich nur auf das Sensomotorische und das Voroperatorische Stadium eingehen.

Piaget beschreibt das Sensomotorische Stadium als eine Vorstufe des Denkens. Der Säugling nimmt Reize wahr und verknüpft diese mit den passenden Reaktionen. Dieses Stadium ist von dramatischen Veränderungen für das Kind geprägt, es entwickelt sein Verhalten von einem Reflexartigen zu einem Zielgerichteten, man könnte auch sagen, dass in dieser Phase sich die Intelligenz des Kindes entfaltet. [13]

„ In diesem Prozess der Abkehr des Kindes von der Egozentrik und der Hinwendung zur Sozialität, ..., sieht Piaget das Charakteristikum der frühkindlichen Entwicklung.

...

Piaget kann aufgrund seiner im natürlichen Kontext vorgenommenen Beobachtungen sechs Teil-Stadien in den ersten beiden Lebensjahren des Kindes unterscheiden."[14]

Im ersten Stadium (0- ca. 1 Monat) geht es um die Betätigung und Einübung der Reflexe. Der Säugling lernt seine angeborenen Reflexe zu verändern und anzupassen, beispielsweise kann das Kind nach einiger Zeit besser trinken als kurz nach der Geburt. Er hat seinen Saugreflex verfeinert und somit ein Verhalten erworben, welches über das Reflexhafte hinausgeht.[15]

Ich möchte hier auf ein Beispiel aus der eigenen Erfahrung als Mutter zurückgreifen.

Meine Tochter musste kurz nach der Geburt auf die Intensivstation und erlernte dort, entgegen meinem Willen und ohne mein Wissen, das Saugverhalten an der Flasche und am Schnuller, noch bevor ich die Möglichkeit hatte sie an meine Brust zu gewöhnen.

---

[13] Vgl. Garz, 2008, S.68.
[14] Garz, 2008, S.68, zit. nach Piaget/Inhelder, 1977, S.11.
[15] Vgl. Garz, 2008, S.69.

Ihr fiel es dann schwer, normal an meiner Brust zu trinken, so dass ich ein Stillhütchen nehmen musste.

Nach drei Wochen geduldiger Übungen und in der Ruhe des häuslichen Umfeldes konnte ich sie endlich ohne Hilfsmittel stillen. Sie hatte ihr reflexartiges Saugverhalten dem Angebot angepasst und eine Methode erworben, die uns beide zufrieden stellte.

Wie von H. Kasten dargestellt, treten im 2. bis 4. Lebensmonat primäre Kreisreaktionen auf. Bestimmte Verhaltensmuster stabilisieren sich, da das Baby entdeckt, dass ein Verhalten ein interessantes Körpergefühl hervorruft, beispielsweise das Daumenlutschen.

Im 5. bis 8. Lebensmonat entwickeln sich sekundäre Kreisreaktionen, die Umwelt des Kindes steht im Mittelpunkt des Interesses und nicht mehr nur der eigene Körper. Verhaltensweisen werden beibehalten und zur Gewohnheit, wenn sie für das Baby interessante Effekte in seiner Umwelt auslösen.

Im vierten Stadium, welches bis zum 12. Lebensmonat besteht, lernt das Kleinkind seine erworbenen Verhaltensweisen zu koordinieren und zielgerichtet einzusetzen.

Im fünften Stadium (13. bis 18. Lebensmonat) treten dann tertiäre Kreisreaktionen auf. Sie bestehen aus Wiederholungen und Variationen von Handlungen an Gegenständen. Das Kleinkind erforscht differenzierter die Objekte in seinem Umfeld und experimentiert mit den Möglichkeiten, die ihm der Gegenstand bietet.[16]

Meine Tochter hat zu Weihnachten einen gefederten und sehr stabilen Puppenwagen von der Oma bekommen. Sie schiebt ihn gerne durch die Wohnung und hat auch schon versucht, ihn hinter sich herzuziehen. Da es ihr scheinbar zu umständlich war, schiebt sie ihn hauptsächlich, egal von welcher Seite. Außerdem transportiert sie damit ihre Habseligkeiten von einem Ort zum

---

[16] Vgl. Kasten, 2007, S. 43f; vgl. dazu Garz, 2008, S.69ff, zit. nach Piaget, 1975, S.59ff, S.154.

anderen und benutzt ihn selbst als Sitzplatz, indem sie auf die Sitzfläche klettert und dann die Beine baumeln lässt. Sie hat herausgefunden, dass der Wagen „wippt", wenn sie die Beine stärker bewegt. Außerdem fand sie durch Experimentieren heraus, dass man die Reifen per Handbewegung schnell drehen kann, wenn man den Wagen auf die andere Seite kippt. Zudem benutzt sie den Wagen als Erhöhung indem sie ihn an Schränke heran schiebt und dann auf ihn klettert, um die sonst für ihre Körpergröße zu hoch gelegenen Schubladen oder Türen zu öffnen.

Im sechsten und letzten Stadium (19. bis 24. Lebensmonat) von Piagets Theorie verlagert sich das Herumexperimentieren immer mehr nach innen. Es vollzieht sich der Übergang zum Denken, das Kind baut eine innere Vorstellung von Verhaltensketten auf. Es lernt ein entstandenes Verhaltensschema auf andere Situationen zu transferieren.[17]

Auch hier kann man das Beispiel mit dem Puppenwagen heranziehen. Meine Tochter hat eine innere Vorstellung davon, dass sie die Schublade öffnen kann, wenn sie den Wagen in Position schiebt und auf ihn klettert um an die Schublade zu gelangen.

Zu Beginn des Voroperatorischen Stadiums tritt an die Stelle der externen Exploration nun allmählich das interne Explorieren: das Denken. Das kindliche Experiment mit Versuch und Irrtum wird durch eigens erdachte Lösungsstrategien ersetzt, die sensomotorische Periode ist beendet. Dies wird durch das Einsetzen von Zeichen und Symbolen ermöglicht, die das Kind in seiner Vorstellung verwendet.[18]

„Die Vorstellungsinhalte werden dabei immer präziser, weil sie nach und nach durch Zeichen ersetzt werden bzw. durch Wörter und Zahlen, welche die konkreten Vorstellungsinhalte sehr genau beschreiben."[19]

---

[17] Vgl. Kasten, 2007, S. 43.
[18] Vgl. Kasten, 2007, S. 45.
[19] Kasten, 2007, S. 47.

Was genau sich das Kind denkt und zu seinem Handeln bewegt, bleibt dem Betrachter verborgen.

Im Verlauf des dritten Lebensjahres erwirbt das Kind immer mehr Wissen und wird dadurch stetig unabhängiger von der unmittelbaren Gegenwart. Sein Verständnis für zeitliche Abschnitte wie Vergangenheit, Gegenwart und Zukunft reift heran und es kann sich immer schneller und flexibler auf neue Situationen einstellen. Dabei ist es aber noch stark an seinem eigenen Denken und Fühlen gebunden. Es kann noch nicht unterscheiden zwischen sich und seinem Willen und den anderen objektiven Dingen der Außenwelt.[20]

„Es ist besonders zwischen zwei und vier Jahren noch egozentrisch, d.h. es kann noch nicht den Blickwinkel eines anderen einnehmen und bemüht sich noch nicht, seine Mitteilungen an die Bedürfnisse des Gegenübers anzupassen. Auch im Wahrnehmungsbereich ... weiß das Kind noch nicht, dass es verschiedene Ansichten von unterschiedlichen Perspektiven aus gibt, es hält seine aktuelle Sicht für die einzige Ansicht, nicht für eine unter vielen.'[21]

 Erst wenn Kinder das Kindergarten- oder Vorschulalter erreicht haben, bekommen sie allmählich eine Vorstellung davon, dass ihr Gegenüber eine eigene Innenwelt mit Wünschen und Bedürfnissen hat und dass diese Welt sich beträchtlich von ihrem eigenen Selbst unterscheiden kann.[22]

So inspirierend Piagets Theorie auch für nachkommende Forscher gewesen sein mag, so gibt es auch Kritiker an seinem Stufenmodell, da seine Erkenntnisse nicht hinreichend untersucht worden sind.[23]

3.2   Entwicklung der sinnlichen Wahrnehmung

Die Sinne des Menschen sind von Geburt an funktionstüchtig, die Zusammenarbeit entwickelt sich aber erst in den ersten

---

[20] Vgl. Kasten, 2007, S.47.
[21] Gudjons, 2003, S. 120.
[22] Vgl. Kasten, 2007, S. 48.
[23] Vgl. Böhm, 2005, S.498.

Lebenswochen und –monaten und bedarf ständiger Anregungen, da es sonst zu Wahrnehmungsstörungen kommen kann.[24]

R. Zimmer unterscheidet zwischen den Grundwahrnehmungsbereichen des Seh-, Tast-, Hör-, Geschmacks- und Geruchssinnes sowie dem Gleichgewichtssinn und die kinästhetische Wahrnehmung. [25]

Piaget vertritt die Ansicht, dass es für das Baby ebenso viele Welten wie Sinneskanäle gibt und geht somit von differenzierten Erfahrungen der sinnlichen Wahrnehmung aus.[26]

In Anlehnung an Piagets Forschungen wurde von F. Affolter ein hierarchisch aufgebautes Strukturmodell zur Entwicklung der Wahrnehmung beschrieben.

Ihr beschriebener Entwicklungsprozess besteht aus drei Stufen und setzt sich aus der intramodalen Stufe, der intermodalen und der serialen Stufe zusammen.

Modales lernen bedeutet dabei soviel wie das Lernen in nur einem Sinnesgebiet und ist in der ersten Stufe gekennzeichnet durch zunehmende qualitative und quantitative Veränderungen in der sinnlichen Leistung des Kindes.

Erst in der intermodalen Stufe kommt es Affolter zufolge zu einer Integration der einzelnen Sinnesbereiche und mit fortschreitender Handlungsfähigkeit gelingen dem Kind dann in der serialen Stufe Handlungsverbindungen, da es dann aufeinander folgende Reize aus allen Sinnesgebieten miteinander verknüpfen kann.[27]

Eine andere Auffassung vertritt M. Dornes, der dem Kind von Geburt an die Kompetenz zuspricht, über mehr Fähigkeiten zu verfügen als allgemein angenommen wird.

Nach experimentellen Untersuchungen in der Säuglingsforschung ist Dornes zu dem Schluss gekommen, dass die mit verschiedenen

---

[24] Siehe dazu auch 3.2.8 Wahrnehmungsstörungen durch umweltbedingte Ursachen, S.31ff.
[25] Vgl. Zimmer, 2005, S.56ff.
[26] Vgl. Zimmer, 2005, S.52, zit. nach Piaget, 2002.
[27] Vgl. Zimmer, 2005, S.53, zit. nach Affolter, 1975, S.3.

Sinnesorganen gemachten Wahrnehmungen von Anfang an miteinander in Beziehung gesetzt werden. Diesen Prozess nennt er „Kreuzmodale Wahrnehmung".

Die verschiedenen Sinne werden miteinander koordiniert und auf diese Weise nimmt das Kind seine Umwelt einheitlich wahr.

Die Vorstellung der kreuzmodalen Wahrnehmungsfähigkeit vertritt also die Auffassung, dass ursprünglich Ganzheiten wahrgenommen werden, die erst im Laufe der Entwicklung vom Kind ausdifferenziert und isoliert werden können. [28]

Den Theorien nach Piaget und Affolter zufolge nimmt das Kind Sinnesempfindungen zunächst isoliert wahr und setzt sie erst infolge der Entwicklung zu einem Ganzen zusammen.[29]

Im weiteren Kapitel möchte ich auf die einzelnen Wahrnehmungssysteme eingehen.

3.2.1 Visuelle Wahrnehmung

„Für Kinder stellt die sinnliche Wahrnehmung den Zugang zur Welt dar. Sie ist die Wurzel jeder Erfahrung, durch die sie die Welt jeweils für sich wieder neu aufbauen und verstehen können. ...

Wahrnehmen ist ein aktiver Prozess, bei dem sich das Kind mit allen Sinnen seine Umwelt aneignet und sich mit ihren Gegebenheiten auseinandersetzt."[30]

Die Entwicklung der Wahrnehmung am Beispiel des Sehsinns stellt dar, wie differenziert sich die Sinneswahrnehmung in kürzesten Zeitabständen verändern kann.

Aus physiologischer Sicht umfasst die visuelle Wahrnehmung die Fähigkeit, optische Reize aufzunehmen, sie zu unterscheiden, zu verarbeiten, einzuordnen und bei entsprechender Interpretation darauf zu reagieren.

---

[28] Vgl. Zimmer, 2005, S.54f, zit. nach Dornes, 2001.
[29] Vgl. Zimmer, 2005, S.52f.
[30] Zimmer, 2005, S. 16.

Es lassen sich verschiedene Bereiche der visuellen Wahrnehmung unterscheiden:

Figur-Grund-Wahrnehmung (ausgewählte Reize bilden eine Figur innerhalb unseres Wahrnehmungsfeldes, unwichtige Reize bilden den ungenau wahrgenommenen Hintergrund),

Visumotorische Koordination (die Fähigkeit, das Sehen mit Bewegungen zu koordinieren),

Wahrnehmungskonstanz (ein Gegenstand wird als der gleiche aus verschiedenen Perspektiven wahrgenommen),

Raumlagen und räumliche Beziehungen (die Fähigkeit vor, hinter und seitlich wahrzunehmen und daraus sich ergebend Objekte in Bezug auf sich selbst und zueinander wahrzunehmen),

Form- und Farbwahrnehmung und schließlich

das visuelle Gedächtnis (sich an Gesehenes erinnern können). [31]

Während der ersten Monate macht das Neugeborene hinsichtlich der Fähigkeit verschiedene Helligkeitsstufen zu unterscheiden enorme Fortschritte. Gegen Ende des zweiten Monats hat es bereits ungefähr das Niveau eines Erwachsenen erreicht und bildet somit die Voraussetzung für die Wahrnehmung von Kontrasten (Figur-Grund-Wahrnehmung). Die Formwahrnehmung verändert sich gegen Ende des zweiten Monats signifikant. Das Neugeborene betrachtet beispielsweise nun viel intensiver ein Gesicht oder auch kontrastreiche Objekte. [32]

Ich möchte hier auf ein Beispiel aus der Praxis mit meiner Tochter zurückgreifen. Wir hatten ihr Babyzimmer in einem angenehmen und hellen Erdton gestrichen und weinrote Sterne in verschiedenen Größen an die Wand gemalt. Meine Tochter fixierte oft diese Sterne. Ich konnte im Verlauf der Zeit beobachten, wie diese Fixierung immer genauer wurde. Auch ein Bild mit Zebras im Wohnzimmer erweckte immer wieder die Aufmerksamkeit und wurde ausgiebig betrachtet.

---

[31] Vgl. zu diesem Abschnitt Zimmer, 2005, S.69ff.
[32] Vgl. Kasten, 2007, S.98.

Ich nehme an, dass sie bei den Sternen erst den Unterschied zwischen hellem Hintergrund und dunklem Objekt wahrgenommen hat und sie dann nach und nach die Form und auch die Farbunterschiede erkannt hat.

Basierend auf H.Kasten ist ein Baby mit etwa sechs Monaten im Allgemeinen in der Lage Formen wiederzuerkennen, auch wenn diese in einer anderen Position angeboten werden.

Im Alter von zwei Monaten können Säuglinge die Farben Rot, Grün und Blau von Weiß unterscheiden (Farbwahrnehmung). Die Differenzierung von Nuancen im Spektralbereich gelingt ihnen etwa ein bis zwei Monate später. Hartmut Kasten zufolge wird angenommen, dass Säuglinge bereits mit vier Monaten das gesamte Spektrum der Farben wahrnehmen können.

R. Zimmer behauptet, dass es ungeklärt ist, ob Babys Farben genauso wahrnehmen wie Erwachsene. Das Kind kann erst mit 3- 4 Jahren alle wichtigen Farben unterscheiden, es kommt aber oft noch zu Verwechselungen in der Bezeichnung.[33]

Trotz der unterschiedlichen Behauptungen macht dieses Beispiel der Wahrnehmungsentwicklung anhand des Sehsinns deutlich, wie kompetent schon Säuglinge sich ihre Umwelt aneignen und mit ihr lernen.

„Sie verfügen über sozusagen vorinstallierte Methoden der Wahrnehmungsstrukturierung, die ihnen helfen, sich in der Welt, in der sie hineingeboren wurden, zu orientieren."[34]

3.2.2 Auditive Wahrnehmung

Die auditive Wahrnehmung erfolgt bereits im Mutterleib, etwa ab dem fünften Monat kann der Fetus Geräusche differenziert wahrnehmen: das Kind hört den Herzschlag der Mutter, ihre Atem- und

---

[33]Vgl. Kasten, 2007, S.98f; a.M. Zimmer, 2005, S.72f.
[34] Laewen, S.55, In: Laewen/ Andres (Hrsg.), 2002.

Verdauungsgeräusche, ihre Stimme und seine Pulsfrequenz reagiert, wenn in unmittelbarer Nähe Töne erklingen.

Ich habe während der Schwangerschaft an einem Seminar teilgenommen, in dem zum Teil lautstark musiziert wurde, größtenteils mit Schlagzeug und Percussion und mit schnellen Rhythmen. Jedesmal hat meine Tochter den „Krach" mit Strampeleinlagen begleitet.

Nach der Geburt konnte ich eine Vorliebe für schnelle Rhythmen und „Krach" machen, indem sie beispielsweise Schranktüren zuschlägt oder mit Töpfen oder sonstigen Behältern „trommelt", bei ihr beobachten.

Bei der Geburt ist das Gehör des Neugeborenen schon so gut entwickelt, dass es beim Erklingen von Tönen Unterschiede in deren Dauer und Intensität wahrnehmen kann. Es kann durch kontinuierliche oder rhythmische Klänge beruhigt werden und es ist kurz nach der Geburt in der Lage Töne zu lokalisieren.[35]

Das auditive System gibt uns die Möglichkeit Töne, Geräusche und Klänge wahrzunehmen und zwischen ihnen zu unterscheiden. Es hat außerdem eine grundlegende Funktion für die menschliche Kommunikation, da es die Voraussetzung für die Entwicklung der Sprache ist.[36]

" Die auditive Wahrnehmungsfähigkeit eines Kindes ist sowohl von seiner Aufmerksamkeit als auch von der Fähigkeit, Reize zu unterscheiden, zu lokalisieren und in einem Bedeutungszusammenhang (z.B. Sprachverständnis) zu bringen, abhängig."[37]

Bereiche der auditiven Wahrnehmung sind R. Zimmer zufolge die auditive Aufmerksamkeit (Konzentration auf Reize),
die auditive Figur-Grund-Wahrnehmung (Reize aus dem Hintergrund lösen können),

---

[35] Vgl. zu diesem Abschnitt Zimmer, 2005, S.92.
[36] Vgl. Zimmer, 2005, S.86.
[37] Zimmer, 2005, S.90.

auditive Lokalisation (eine Geräuschquelle räumlich einordnen können)

und Diskrimination (Ähnlichkeiten und Unterschiede zwischen Lauten und Tönen erkennen und zuordnen können),

die auditive Merkfähigkeit (Speichern, Wiedererkennen und Abrufen von Gehörtem)

sowie das Verstehen des Sinnbezuges (inhaltliches Zuordnen von Gehörtem und Erkennen der Bedeutung).

Die Fähigkeiten in diesen Bereichen der auditiven Wahrnehmung werden im Verlauf der ersten Lebensmonate bei ausreichender Stimulans trainiert, soll heißen im normalen Alltag und nicht in einer geräuscharmen oder „klangüberfluteten" Umgebung laufend verbessert. [38]

3.2.3 Taktile Wahrnehmung

Die Haut ist das wichtigste Organ des Menschen. Sie ist das größte sensorische Organ und hat mehrere physiologische Funktionen. Sie dient als Schutzfunktion, zur Regelung des Wärmehaushalts, ist Träger des Stoffwechsels indem sie Schlacken durch die Schweißdrüsen abgibt, sie ist ein Atmungs- und das wichtigste Sinnesorgan. Die Hautoberfläche besteht aus einer großen Anzahl von sensorischen Wahrnehmungsrezeptoren. Diese sind Empfänger von verschiedenen Reizen wie etwa Schmerz, Temperatur, Vibration, Druck, Zug oder Berührung [39]

Renate Zimmer sagt über die taktile Wahrnehmung:

„Über den Tastsinn nehmen wir passiv mithilfe mechanischer Reize (Berührungen) wahr, gleichzeitig findet jedoch auch eine aktive Erkundungswahrnehmung statt." [40]

---

[38] Vgl. Zimmer, 2005, S.91f, zit. nach Eggert/Peter,2005; zit. nach Breitenbach,1995.
[39] Vgl. Zimmer, 2005, S.104f, zit. nach Montagu, 2004.
[40] Zimmer, 2005, S. 106.

Der Tastsinn bzw. die taktile Wahrnehmung wird in verschiedene Wahrnehmungsbereiche unterteilt und entwickelt sich vor allen anderen Sinnessystemen. Bereits ein acht Wochen alter Embryo reagiert auf Stimulationen der Nase, Lippen und des Kinns. Die Berührungsempfindlichkeit (Berührungswahrnehmung) entwickelt sich vom Kopf ausgehend zum Unterkörper und den Extremitäten. Für das Ungeborene ist die Haut das wichtigste Sinnesorgan, da er durch sie in Kommunikation mit der (Gebär-)Mutter steht und auch nach der Geburt bleibt die Haut das wichtigste Kommunikationsorgan.

Ein Säugling kann durch die Art, wie er gehalten, gestreichelt oder gedrückt wird, unterscheiden, ob die Person ihm gegenüber liebevoll oder gleichgültig eingestellt ist. Bei der Geburt ist das Gesicht Berührungen gegenüber empfindlicher als jeder anderer Körperteil.

Die Schmerzempfindlichkeit (Schmerzwahrnehmung) ist kurz vor und nach der Geburt aus einem biologischen Schutzmechanismus heraus niedrig, passt sich aber dem „Normalen" schnell an.[41]

Schmerzempfinden ist ein wichtiger Informant über die Umwelt. Nur so können wir feststellen, ob ein Kontakt sicher ist oder nicht oder dass wir gerade in Begriff sind uns eine Verletzung zuzuziehen.

Ich habe mal einen Bericht über eine Krankheit gesehen, die sich *Kongenitale Analgesie* nennt, bei der Menschen von Geburt an schmerzunempfindlich sind. Dieses ist insoweit gefährlich, weil die Kinder beim Toben oder Erkunden ihrer Umwelt ihre Grenzen nicht spüren und es des Öfteren zu Schnittwunden und Knochenbrüchen oder anderen, sogar lebensgefährlichen, Verletzungen kommen kann. [42]

Unser Schmerzempfinden ist also lebenswichtig, da wir dadurch vor gefährlichen Situationen gewarnt werden können.

---

[41] Vgl. zu diesem Abschnitt Zimmer, 2005, S. 110f.
[42] Vgl. o.V., Wenn nichts mehr schmerzt,
www.gesundheit.de/krankheiten/schmerz/analgesie-und-hypoalgesie/index.html.

„Um solche Situationen einschätzen zu können, brauchen Kinder unmittelbare sinnliche Erfahrungen, die oft viel nachhaltiger wirken als Belehrungen und Ermahnungen durch die Erwachsenen."[43]

Die Temperaturwahrnehmung hat sich bereits bei der Geburt herausgebildet. Sie erfolgt entweder durch direkten Hautkontakt und versteht sich als taktiler Wahrnehmungsprozess, oder durch die Registrierung der Lufttemperatur, wobei es sich hier jedoch um einen Teil des Temperaturregulierungssystems des Körpers handelt. Die Wahrnehmung von Kälte und Wärme ist von subjektiven Voraussetzungen abhängig und unterliegt Täuschungen, da die Konsistenz gefühlter Objekte unterschiedlich wahrgenommen werden kann: beispielsweise fühlt sich Holz trotz gleicher Temperatur wärmer an als Metall.

Die Wahrnehmung von Kälte und Wärme eines Objekts hängt ebenso von der Temperatur der Haut ab, die ihn berührt. Eine kalte Hand erfühlt einen kalten Gegenstand anders als eine warme Hand: das erfühlte Objekt erscheint der kalten Hand wärmer, wogegen die warme Hand den Gegenstand als kalt empfindet.[44]

„Die Hand ist Teil des Tastsinns und zugleich auch Werkzeug. Sie kann greifen, streicheln, schlagen, formen, bauen, nehmen, geben etc. Dies verdeutlicht auch den engen Zusammenhang von Tast- und Bewegungssinn ... . Die unmittelbare Kombination von Erkunden und Verändern ist bei anderen Sinnessystemen wie Sehen und Hören nicht gegeben."[45]

Unsere Extremitäten sind Sinnesorgane, die uns bei Erkundungen dienen (Erkundungswahrnehmung) und zugleich Ausführungsorgane, insbesondere unsere Hände. Man kann einen Gegenstand erfühlen, man kann seine Form, die Größe, das Gewicht, seine Beschaffenheit und seine Temperatur mit der Hand wahrnehmen. Auch die Füße besitzen einen hohen Grad an

---

[43] Zimmer, 2005, S. 110.
[44] Vgl. zu diesem Abschnitt Zimmer, 2005, S.108f, zit. nach Gibson, 1982, S.168.
[45] Zimmer, 2005, S.107.

Unterscheidungsvermögen, diese Fähigkeit wird im Alltag aber so gut wie nie benutzt.

Jedoch kann man bei Menschen, die ohne Arme aufgrund einer Amputation oder von Geburt an leben, feststellen, dass sie ihre Füße zum Greifen, Malen, Schreiben, Basteln und Werken benutzen können.

Auch der Mund kann als hervorragendes Tastorgan betrachtet werden. Zunge, Lippe und Gaumen sind sehr sensibel für das Ertasten von Formen, von der Beschaffenheit oder anderen Eigenschaften von Objekten. Kleinkinder haben deswegen ein sehr großes Bedürfnis alles in den Mund zu stecken um mehr darüber zu erfahren.[46]

Meine Tochter lebt diese orale Phase noch immer aus. Sie hat beispielsweise im Verlauf der Zeit die Sohlen meiner Hausschuhe ertastet, etliche Eicheln, Kastanien, Blätter, Steine und Blumen auf orale Weise kennengelernt.

Vor kurzem hat sie ein Stoffhund in einem Laden derart fasziniert, dass er mit allen Sinnen erkundet werden musste. Da sein Gesicht schließlich ganz nass war vom Speichel meiner Tochter, habe ich ihn kurzerhand gekauft. In Anlehnung an Montessoris Gedanken zu einer kindlichen Welt[47] wäre es doch auch mal eine Anregung für den Einzelhandel ihre Geschäfte kinderfreundlich zu gestalten, indem sie solche Stofftiere o.ä. als Muster für etwaige Sinneserfahrungen zur Verfügung stellen. Bei Gefallen könnte der Handel auf Objekte vom Lager zurückgreifen und der Kunde sieht sich nicht genötigt zu kaufen oder gar seinem Kind den sinnlichen Umgang zu verbieten.

3.2.4. Die olfaktorische Wahrnehmung

„In der Riechschleimhaut (Regia olfaktoria), ... , befinden sich die Riechzellen, die besondere Sinneshärchen aufweisen. Sie sind

---

[46] Vgl. zu diesem Abschnitt Zimmer, 2005, S.107f.
[47] Siehe dazu auch 4.1.1 Montessoris Gedanken zum Umgang mit Kindern, S.38ff.

bedeckt von einem dünnflüssigen Schleim, in dem die Moleküle der
Substanzen, die den Duft aussenden, gelöst werden. Deswegen sind
auch nur die Stoffe riechbar, die sich in der Nasenschleimhaut
lösen."[48]

Die Riechzellen werden ständig erneuert.

Der Geruchssinn ist bei der Geburt schon gut entwickelt.
Neugeborene können zwischen verschiedenen Gerüchen
unterscheiden, erkennen den Geruch der Mutter und erschnüffeln
sich sogar den Weg zur Nahrungsquelle – die mütterliche Brust.[49]

Der Mensch kann zwischen tausend verschiedenen Düften
unterscheiden. Die Geruchsempfindung an sich lässt sich in ähnliche
Gruppierungen ordnen: blumig, ätherisch, moschus- und
kampferartig, faulig oder stechend.

Geruchsempfindungen haben eine enorme Tiefen- und
Langzeitwirkung und besitzen außerdem oft eine emotionale
Komponente. Man kann noch nach Jahren einen bestimmten Duft
riechen und wird sofort an ein lang zurückliegendes Ereignis oder an
einen Ort erinnert.[50]

3.2.5 Die gustatorische Wahrnehmung

Der Geschmackssinn befähigt uns multiple Nahrungsmittel zu
unterscheiden, um sie genießen zu können. Die biologische
Bedeutung liegt in der Einwirkung auf den Verdauungsprozess: wenn
uns etwas gut schmeckt, werden Speichel- und
Magensaftabsonderungen angeregt.

Der Geruchs- und Geschmackssinn haben eine enge Verbindung
zueinander: wir riechen erst die Speise bevor wir sie schmecken.
Das Schmecken an sich erfolgt durch Aktivität der Zunge und damit
verbundener chemischer Lösungen mithilfe des Speichels.

---

[48] Zimmer, 2005, S.144, zit. nach Faller, 2004.
[49] Vgl. hierzu vertiefend Weöres/Andres: Schwanger mit Nelly.
[50] Vgl. Zimmer, 2005, S. 142f.

Die Geschmackswahrnehmung teilt sich in vier Grundqualitäten, kann aber auch gemischt wahrgenommen werden: sauer, bitter, süß und salzig.

Die Entwicklung der gustatorischen Wahrnehmung vollzieht sich bereits im Mutterleib. Ab dem dritten Schwangerschaftsmonat sind die Geschmacksknospen bereits ausgebildet. Bei der Geburt sind die Geschmacksnerven so gut entwickelt, dass das Neugeborene bereits auf süße und salzige Anreize mit Saugreflexen und auf bittere Stimulans vermeidend reagiert.[51]

3.2.6 Die vestibuläre Wahrnehmung

Jedes Lebewesen auf der Erde ist der Schwerkraft ausgesetzt. Um sich trotz dieser Kraft orientieren und den Körper aufrechterhalten zu können, benötigen wir den Gleichgewichtssinn. Darüber hinaus befähigt dieser Sinn den Organismus Beschleunigungen und Drehbewegungen wahrzunehmen und sich darauf einstellen zu können.

Die vestibuläre Wahrnehmung entwickelt sich bereits im Mutterleib. Das Gleichgewichtsorgan bildet sich zwischen der sechsten und achten Schwangerschaftswoche heraus, bis zur zehnten Woche entwickeln sich die entsprechenden Nervenbahnen und stabilisieren sich etwa bis Mitte des fünften Monats. Im ersten Lebensjahr begleitet die Schwerkraft das um Gleichgewicht kämpfende Baby permanent, sei es bei dem Versuch den Kopf zu heben, zu sitzen oder bei den ersten Gehversuchen.

Das Gleichgewichtssystem umfasst folgende Bereiche:
die Orientierung im Raum (Informationen über die Lage des Körpers im Hinblick auf die Schwerkraft),
die Wahrnehmung linearer Beschleunigung (z.B. beim Beschleunigen eines Autos)

---

[51] Vgl. zu diesem Abschnitt Zimmer, 2005, S.148ff, zit. nach Schmidt/Thews (Hrsg.), 2005.

und die Wahrnehmung von Drehbeschleunigungen (z.B. in einem Karussell).

Desweiteren kann man zwischen dem statischen und dynamischen Gleichgewicht und dem Objektgleichgewicht unterscheiden.

Bei dem statischen Gleichgewicht wird versucht die Balance im Stand zu halten, wogegen bei dem dynamischen Gleichgewicht die Balance während der Fortbewegung gehalten werden soll. Hierbei kommt es außerdem noch darauf an, wie der Untergrund beschaffen ist. Handelt es sich um eine verringerte Unterstützungsfläche, beispielsweise um einen Baumstamm oder Balancierbalken, ist es schwieriger das Gleichgewicht zu erhalten. Auch auf einem labilen Untergrund (z.B. Trampolin, Hüpfburg) und auf erhöhten Unterlagen (z.B. Kasten, Bänken) bedarf es mehr Aufmerksamkeit beim Ausbalancieren.

Bei dem Objektgleichgewicht geht es um das Balancieren von Gegenständen wie etwa Sandsäckchen, Bälle oder Ringe in Verbindung mit dem statischen und dem dynamischen Gleichgewicht. [52]

3.2.7 Die kinästhetische Wahrnehmung

Renate Zimmer beschreibt diese Wahrnehmungsform folgendermaßen:

„Unter kinästhetischer Wahrnehmung wird die Lage- und Bewegungsempfindung, die nicht durch das Sehen vermittelt wird, vorstanden. Sie ist uns meist nicht bewusst, wir können automatisch auf sie zurückgreifen, da wir sie oft geübt haben und ein inneres Bild über den Ablauf alltäglicher Bewegungen in uns tragen.

...

‚Kinästhesie' bedeutet die Wahrnehmung der Raum-, Zeit-, Kraft- und Spannungsverhältnisse der eigenen Bewegung." [53]

---

[52] Vgl. zu diesem Abschnitt Zimmer, 2005, S. 129ff.
[53] Zimmer, 2005, S. 119.

Wir nehmen keine Reize aus der Umwelt auf, sondern solche, die im eigenen Körper entstehen. Wir erhalten also Informationen aus dem Körperinneren. Aus dieser Eigenwahrnehmung heraus kann das Kind die Grenzen des eigenen Körpers erfassen und somit eine Vorstellung über seinen Körper entwickeln.

Die kinästhetische Wahrnehmung umfasst folgende Bereiche: den Stellungssinn, den Bewegungssinn, den Kraftsinn und den Spannungssinn.

Über den Stellungssinn erhalten wir eine Vorstellung davon, wie sich unser Körper im Raum befindet. Im Dunkeln können wir uns die Lage einzelner Glieder und Gelenke zueinander vergegenwärtigen. Wenn wir beispielsweise nachts aufwachen, wissen wir, wie unser Körper im Bett liegt.

Ändern wir ohne visuelle Kontrolle unsere Position, nehmen wir sowohl die Richtung als auch die Geschwindigkeit dieser Bewegung wahr. Diese Wahrnehmung wird als Bewegungssinn bezeichnet.

Um eine Bewegung durchzuführen benötigen wir Muskelkraft und der Kraftsinn hilft uns dabei abzuschätzen wie hoch das Ausmaß an Muskelkraft sein muss.

Der Spannungssinn gibt Informationen über den Grad der Muskelanspannung und schafft somit die Voraussetzung für die willentliche Beeinflussung des Spannungsgrades der Muskulatur.[54]

„Bei Entspannungsübungen ist diese bewusste Regulation notwendig, um den Wechsel zwischen Anspannung und Entspannung herbeiführen zu können.

Die kinästhetische Wahrnehmung funktioniert ansonsten aber meist unbewusst. Man denkt normalerweise nicht darüber nach, wie man sich bewegt oder wie die Gliedmaßen und Körperteile zueinander stehen."[55]

---

[54] Vgl. zu diesem Abschnitt Zimmer, 2005, S.119ff.
[55] Zimmer, 2005, S.121.

Die kinästhetische Wahrnehmung wird durch sportliche Aktivitäten wie Turnen direkt angesprochen und kann durch Training intensiviert werden.

Auch bei anderen Fertigkeiten wird diese Form der Wahrnehmung unbewusst angesprochen, beispielsweise beim Klavier spielen. Für einen guten Klavierspieler ist es einfach, ein Musikstück ohne Noten und ohne visuelle Kontrolle der Finger darzubringen, er nimmt einzig die Bewegung seiner Finger wahr.

Das kinästhetische Sinnessystem zählt neben dem Tast- und Gleichgewichtssinn zu den ersten funktionierenden Systemen des Fötus im Mutterleib. Bereits ab der zwölften Schwangerschaftswoche erlebt der Fötus durch die Bewegungen der Mutter das eigene Bewegt werden im Fruchtwasser. Die Entwicklung der Motorik nach der Geburt steht im engen Zusammenhang mit der kinästhetischen Wahrnehmung. [56]

3.2.8 Wahrnehmungsstörungen durch umweltbedingte Ursachen

In Anlehnung an R. Zimmer können Wahrnehmungsstörungen organische Ursachen haben, zu denen oftmals Hirnfunktionsstörungen zählen, die während der prä-, peri- und postnatalen Phase auftreten können. Ebenso kann ein Sinnesorgan geschädigt oder ganz ausgefallen sein, beispielsweise bei Taub- oder Blindheit, und so zwangsläufig zu Störungen der Wahrnehmung führen.[57]

Ich möchte in diesem Kapitel über die umweltbedingten Ursachen für eine Wahrnehmungsstörung berichten, da sich die Lebenssituation der Kinder immer schneller verändert und es mir wichtig erscheint darauf hinzuweisen, inwiefern das Umfeld auf die Kinder einwirkt.

---

[56] Vgl. zu diesem Abschnitt Zimmer, 2005, S.121ff.
[57] Vgl. Zimmer, 2005, S.159ff.

Da unsere Welt sich in einem unaufhaltbaren Prozess des Fortschritts befindet und alle Menschen in diesem Prozess involviert sind, ob sie wollen oder nicht, ist es für Kinder schwieriger geworden für sich einen „kindgerechten Raum" zu finden.

Ihnen werden bestimmte (Spiel-)Plätze zugewiesen, sie werden in „brave" oder „schwer erziehbare" Kinder kategorisiert und die Film- und Wirtschaftsindustrie hat in Kindern längst potentielle Kunden gefunden. Kinder werden mit diversen Serien und Filmen sowie Video- und Computerspielen überflutet. Das kindliche Leben findet in einigen Familien hauptsächlich im Wohn- oder Kinderzimmer in Begleitung des Fernsehers oder einer Spielkonsole statt.

Das Erkunden der Umwelt draußen und das damit verbundene Trainieren der sinnlichen Wahrnehmung rückt immer mehr in den Hintergrund.

In den Familien kommt es zu einer Vernachlässigung des Kontakts. Die einzelnen Mitglieder sprechen kaum miteinander, es gibt selten Umarmungen oder das Kind in seiner Person wird nicht wahrgenommen.[58]

Dies hat seine Folgen. Bei immer mehr Kindern häufen sich die Störungen der sinnlichen Wahrnehmung.

„Die Wahrnehmungsfähigkeit eines Menschen ist zwar von der Intaktheit der Sinnesorgane abhängig, Wahrnehmungsstörungen betreffen jedoch auch den Prozess der Reizverarbeitung im Gehirn und können deswegen trotz voller Funktionsfähigkeit der Sinnesorgane auftreten. [...] Die betroffenen Kinder können sehen, hören, tasten etc., sie haben jedoch Schwierigkeiten, die aufgenommenen Reize richtig zu verarbeiten. Die Informationen, die ihnen von den Sinnesorganen übermittelt werden, bleiben ungenau und diffus.[59]

Bei einem Mangel an sensorischen Erfahrungen können sich die Entwicklungsreize nicht gesund herausbilden. Dieser Mangel kann

---

[58] Vgl. hierzu vertiefend Singerhoff, 2001, Kinder brauchen Sinnlichkeit.
[59] Zimmer, 2005, S.159.

entstehen, wenn die Kinder beispielsweise wenig Körperkontakt erfahren oder es ihnen an Bewegung fehlt.

Durch unausgewogene Reizeinflüsse kommt es zu einer einseitigen Sinneskost.

Eine Überstimulierung mit optischen und akustischen Reizen wie bei einem Computerspiel oder eine Unterversorgung können ebenso zu Störungen in der Verarbeitung der Informationen führen.[60]

„In vielen Fällen handelt es sich beim Auftreten von Wahrnehmungsstörungen um eine Kette von Einflüssen und Ereignissen, die zur Folge haben, dass das Kind in einer Auseinandersetzung mit seiner Umwelt beeinträchtigt wird." [61]

Dies kann im Rahmen einer taktilen Störung mit Überempfindlichkeit zur Folge haben, dass Kinder empfindlich auf Berührungen reagieren oder ungern mit Matsch und dergleichen spielen.

Bei einer Unterfunktion des Tastsinns werden Berührungen kaum wahrgenommen. Es bedarf einer intensiven Reizung, damit die Impulse im Gehirn ankommen. Solche Kinder sind oftmals unempfindlich in Bezug auf Schmerz und sie sind sich ihrer Körpergrenzen nicht bewusst.

Im Fall einer Störung der vestibulären Wahrnehmung kann es bei einer Unterforderung zu einem unstillbaren Bewegungsbedürfnis kommen.

Diese Kinder bevorzugen Aktivitäten, die eine intensive Gleichgewichtsstimulierung hervorrufen, z.B. Karussell fahren oder Schaukeln. Aufgrund der mangelhaften vestibulären Reizverarbeitung und der damit verbundenen fehlerhaften Rückmeldung haben diese Kinder Schwierigkeiten mit der motorischen Koordination und neigen zur Tollpatschigkeit.

Bei einer vestibulären Überempfindlichkeit kommt es bei den betroffenen Kindern bei jedem geringfügigen Reiz zu einer

---

[60] Vgl. Zimmer, 2005, S.161f.
[61] Zimmer, 2005, S.162.

Verunsicherung. Sie vermeiden Klettern und Schaukeln und mögen auch keine Bewegungsspiele.

Im Laufe der Zeit kann sich durch dieses Meidungsverhalten eine allgemeine motorische Unsicherheit und Ungeschicklichkeit manifestieren.

Störungen in nur einem Wahrnehmungsbereich sind selten. In der Praxis treten oft Kombinationen mehrere Symptome auf.[62]

Die vorab beschriebenen Beispiele spiegeln nur einen kleinen Bereich von Störungen der Sinneswahrnehmungen wieder.

„Wahrnehmungsstörungen bleiben bei Kindern häufig lange Zeit unerkannt. Erst wenn schulische Probleme auftreten und Konzentrationsschwierigkeiten sich mit Beeinträchtigungen der Auffassungsfähigkeit häufen, liegt der Verdacht auf eine Wahrnehmungsstörung nahe. Dabei könnte eine frühzeitige Diagnose ... die Chance einer erfolgreichen Förderung erhöhen.[63]

R. Zimmer zufolge erfahren Kinder mit einer nicht erkannten Wahrnehmungsstörung häufig, aufgrund ihres „Fehlverhaltens", von Erzieher(inne)n, Lehrer(inne)n und anderen Kindern Zurückweisung und Ablehnung. Dies hat wiederum zur Folge, dass diese Kinder mit erheblichen Selbstwertproblemen zu kämpfen haben.

Einige Kinder reagieren, indem sie sich ängstlich zurückziehen und Kontakt größtenteils vermeiden, andere werden aggressiv. Diese sozial-emotionalen Folgen sind für die betroffenen Kinder häufig belastender als die Ursachen selbst und müssen bei Fördermaßnahmen unbedingt mit bedacht werden.

Das Ziel einer Entwicklungsförderung sollte die Gesamtheit der Sinne fokussieren und sich nicht auf einen Sinnesbereich beschränken.[64]

3.3 Die motorische Entwicklung

---

[62] Vgl. zu diesem Abschnitt Zimmer, 2005, S.162ff, zit. nach Ayres, 2002; zit. nach Affolter, 1975.
[63] Zimmer, 2005, S.165f.
[64] Vgl. Zimmer, 2005, S.165ff.

Das neugeborene Kind verfügt über ein beträchtliches Repertoire an motorischen Reflexen, die nach einiger Zeit wieder verschwinden und durch neu erlernte motorische Prozesse ersetzt werden. Anstelle der Kriech-, Schreit- und Greifreflexe treten zielorientiertes Greifen und koordinierte Formen der Fortbewegung.

Wichtige Voraussetzungen für die motorischen Fortschritte sind die Kräftigung der Muskulatur und das Interesse an der Umwelt.

In den ersten Lebensmonaten lernt der Säugling seine Kopfhaltung zu kontrollieren und es kommt zu einer Ablösung der ruckartigen durch weichere und fließendere Bewegungen, hauptsächlich lässt sich dieser Wandel bei den Armen und Beinen beobachten.[65]

„Babys sind jetzt beweglicher als vorher. Sie spielen sozusagen mit den ‚fließenden Übergängen', die sie innerhalb ihres Körpers wahrnehmen, wenn sie beispielsweise im Liegen mit den Füßen treten und mit den Armen rudern. Manchen Babys gelingen fast schon akrobatische Übungen: Sie stecken ihre Zehen in den Mund und drehen sich so um die eigene Achse."[66]

Der folgende Abschnitt stützt sich weitgehend auf H. Kastens Ausführungen hinsichtlich der motorischen Entwicklung.

Es kommt ab dem dritten Monat zu ersten Experimentierbewegungen, der Säugling wiederholt etwas und wird dabei immer kontrollierter.

Mit etwa vier Monaten kann es gezielt nach etwas greifen und es halten. Das Sitzen wird durch das Erlernen der Koordination der Bewegungen von Armen, Beinen, Becken und Schultern vorbereitet. Etwa ab dem fünften Lebensmonat gelingt es dem Säugling sich aus der Bauchlage mit Hilfe der Hände und Unterarme ein ganzes Stück weit aufzurichten und ab dem sechsten Monat kann es mit Unterstützung sitzen.

---

[65] Vgl. zu diesem Abschnitt Kasten, 2007, S.92f.
[66] Van de Rijt/ Ploiij, 2005, S.107.

Mit dem siebten Monat vollzieht sich eine große Veränderung. Dem Kind gelingt es die komplexe Drehbewegung vom Bauch auf den Rücken zu vollführen und ist durch die Beherrschung dieser motorischen Fähigkeit nun in der Lage, seine Körperlage jederzeit zu verändern. Es kann sich nun auf das alleinige Sitzen und auf das Krabbeln vorbereiten. Auch das Wechseln von Gegenständen von der einen zur anderen Hand gehört nun zu den motorischen Fähigkeiten des Babys.

In der zweiten Hälfte des ersten Lebensjahres erlernt das Kind das Sitzen und Stehen. Sein Fortbewegungsdrang wird immer stärker und es erkundet ab ca. achtem Monat robbend und krabbelnd seine Umwelt. Es lernt die Balance zu halten und beginnt mit Übungen, die seine Mobilität voranbringen.[67]

Diese motorischen Fähigkeiten sind bei jedem Kind anders ausgeprägt und manchem Kind gelingt das Krabbeln oder Gehen schneller als anderen.

Meine Tochter hat die Stufen der Mobilität durch fortwährendes Ausprobieren und Verknüpfen ihrer Erfahrungen so schnell erklommen, dass sich einige Phasen im wöchentlichen Rhythmus vollzogen. In nicht ganz zwei Monaten, im Alter von acht Monaten bis zum Ende des neunten Lebensmonats, erlernte sie das Stehen durch hochziehen, das Laufen mit festhalten, das Krabbeln, das alleinige Aufrichten und Stehen, ohne sich fest zu halten, sowie das freie Laufen. Die mobile Krabbelphase wurde schon nach drei Wochen durch das freie Laufen abgelöst.

Das motorische Repertoire wird, H. Kasten zufolge, im Verlauf des zweiten Lebensjahres kontinuierlich verbessert und um neue Erfahrungen bereichert. Kinder in dem Alter können allmählich schneller laufen, abrupt die Richtung wechseln, hüpfen, Treppen steigen, rückwärts gehen oder auf einen Stuhl klettern. Sie lernen mit dem Ball geschickter umzugehen, auch wenn es mit dem Fangen noch nicht so klappt.

---

[67] Vgl. Kasten, 2007, S. 95ff.

Aufgrund der Verbesserung der Feinmotorik schaffen sie es allmählich, alleine mit dem Löffel zu essen oder Bauklötze aufeinander zu setzen.

Ab dem dritten Lebensjahr können gezielt körperliche Fertigkeiten eingeübt werden, die beispielsweise zur Ausübung von Sportarten erforderlich sind, vorausgesetzt das Kind ist mit Spaß und Motivation darauf eingestellt.

Im Laufe des dritten Lebensjahres erlernen die meisten Kinder wesentliche Grundformen sportlicher Motorik wie Rennen, Springen, Balance halten oder Klettern. Dieses Bewegungsrepertoire ermöglichen dem Kind seine Umwelt auf immer differenziertere Weise zu erforschen.[68]

3.4 Entwicklungen der Persönlichkeit

„Gerade im Spielen ... kann das Kind ... sich kreativ entfalten und seine ganze Persönlichkeit einsetzen, und nur in der kreativen Entfaltung kann das Individuum sich selbst entdecken."[69]

In der Psychologie wird Persönlichkeit als die *Gesamtheit der Persönlichkeitseigenschaften eines Menschen* definiert. Sie unterscheidet sich hinsichtlich bestimmter (veränderbarer) Merkmale von anderen Persönlichkeiten. Diese Merkmale können äußere Verhaltensweisen darstellen, z.B. Geschicklichkeit, sich aber auch auf innere Eigenschaften wie Ängstlichkeit erstrecken.

Einzelnen Merkmalen werden teilweise auch genetische Wurzeln zugeschrieben. Persönlichkeitsmerkmale können sich im Laufe der Entwicklung verändern [70]

Schon Babys unterscheiden sich hinsichtlich bestimmter Verhaltensweisen und Merkmalen. Aus der Erfahrung als Mutter und in Gesprächen mit anderen Müttern schließe ich, dass ein Baby

---

[68] Vgl. Kasten, 2007, S.126ff.
[69] Winnicott, 2006, S.66
[70] Vgl. zu diesem Abschnitt Kasten, 2007, S.185.

unentwegt schreit und kaum zu beruhigen ist, ein anderes Baby wiederum verschläft die ersten Wochen und verhält sich im wachen Zustand ruhig und neugierig.

Da kein Kind wie das andere ist, möchte ich behaupten, dass das Kind von Anfang an Persönlichkeit hat. Bestimmte Merkmale seiner Persönlichkeit entwickeln sich aber mit der Zeit weiter, beziehungsweise kristallisieren sich heraus und werden zunehmend klarer in ihrer Erscheinung. Natürlich spielen das Umfeld des Kindes und der Einfluss der Erziehenden dabei eine Rolle.

Meine Tochter zeigte kurz nach der Geburt eine ausgeprägte Neugierde auf das Geschehen ringsum. Dementsprechend war sie im Verlauf der Zeit bemüht, sich soviel Wissen wie möglich anzueignen und mit Hilfe der erworbenen Mobilität eröffneten sich ihr völlig neue Möglichkeiten des Erforschens ihrer Umwelt.

Wir als Eltern haben sie von Anfang an relativ frei auf die Welt „losgelassen", so dass es auch mal vorkam, dass sie ein Schneckenhaus oder das Trockenfutter der Katzen in den Mund nahm. Sie ist ein offenes, fröhliches und neugieriges Mädchen und probiert immer Neues aus. Ihre motorischen Fähigkeiten liegen laut Aussage der Kinderärztin[71] über dem Soll. Mit ihren zweiundzwanzig Monaten kann sie bereits rückwärts gehen, beim Rennen abrupt die Richtung wechseln und auf einem Trampolin hüpfen sowie von einem Schemel herunterspringen und sich dabei ausbalancieren. Sie steigt ohne Schwierigkeiten Treppen hoch und runter und probiert dieses zurzeit auch ohne sich festzuhalten. Zu ihrem tänzerischen Repertoire gehören seit langem choreografische Bewegungen: sie wackelt mit der Hüfte, geht schwingend in die Knie, dreht sich um sich selbst oder die Arme werden tänzerisch zum Rhythmus der Musik eingesetzt.

Mit diesem Beispiel möchte ich darstellen, dass sich bestimmte Merkmale der Persönlichkeit meiner Tochter – Neugier, Mut (zur Bewegung), Offenheit, Gefühl für Rhythmus und Spaß an der Musik

---

[71] Dr. med. Ingrid Pensler in Varel, Aussage bei der U7 am 14.07.2009

– nicht so entwickelt hätten, wenn wir ängstliche und „übervorsichtige" Eltern mit einem Hang zur hygienischen, fast schon sterilen Sauberkeit wären und nicht ab und an mit unserem Kind ausgelassen zur Musik tanzen würde. Das Interesse an der Welt und den Spaß an der Bewegung hat sie mit ihrer Persönlichkeit mitgebracht, das Resultat der noch immer währenden Entwicklung entspringt dem „Futter", welches ihr das Umfeld bietet.

Nach Auffassung von H. Kasten entdeckt das Kind sein Ich erst zwischen dem 18. und 24. Lebensmonat und nimmt sich als gesonderte Person mit Wünschen und Bedürfnissen wahr.

Es kommt nun in die Autonomiephase oder veraltet gesagt ins „Trotzalter".

Jeder Erwachsene, der sich mit Kleinkindern beschäftigt, hat einen so genannten „Trotzanfall" schon miterlebt und steht zum Teil hilflos daneben.

Doch was genau geht in einem „trotzigen" Kind vor? Das Kind möchte etwas haben oder sich mit einer bestimmten Sache beschäftigen, kann dieses aber noch nicht alleine oder wird in seinem Vorhaben vom Erwachsenen „sabotiert". [72]

Die Persönlichkeit wird – wie bereits erwähnt- durch das Umfeld mit beeinflusst und es liegt an dem Grad der Intervention, inwiefern das Kind die Möglichkeit zur Entwicklung seiner „eigenen" Persönlichkeit hat.

Meine Tochter entwickelte, neben den persönlichen Merkmalen, in den letzten Wochen ein ausgeprägtes Autonomieverhalten, welches ich sehr begrüße. Sie hat einen starken Willen und wenn es mir möglich ist, unterstütze ich sie in ihrom Vorhaben, sei es, dass sie ihr Brot alleine schmieren oder ihre Kleidung aussuchen darf. Natürlich kann sie nicht immer ihren Willen bekommen und so stoßen wir manchmal zusammen. Im Alltag mit meiner Tochter versuche ich ihre Persönlichkeit zu respektieren, sie bei einem „Trotzanfall" ernst zu nehmen und dabei präsent, aber passiv zu bleiben.

---

[72] Vgl. Kasten, 2007, S. 147ff.

„Je nachdem wie Eltern oder Erzieherinnen mit Konflikten während der Autonomiephase umgehen, lernen Kinder unterschiedliche Dinge, die für ihren späteren Umgang mit Konflikten, Autoritäten und negativen Gefühlen sehr bedeutsam sind."[73]

Es ist wichtig, sich darüber im Klaren zu sein, dass das Kind sich in einer Entwicklungsphase befindet, in der es sein Ich entdeckt und sich als Person mit eigenen Gefühlen und eigenem Willen kennen lernt.

Aufgrund der von der Natur mitgegeben Egozentrik kann es nicht nachvollziehen, dass sein Gegenüber etwas anderes möchte. Um kindgerecht handeln zu können, muss ich mir vor Augen halten, dass ein Trotzanfall nicht dazu dient, um mich zu ärgern oder davon zu überzeugen, dass ich dem Wunsch meines oder eines mir anvertrauten Kindes nachgebe, es ist eine Art Schutzfunktion des Selbst.

Kinder stecken in der Entwicklung ihrer Persönlichkeit und schützen sich vor einer Fremdbeeinflussung. In solch einer Situation sollte man den Willen des Kindes und die damit verbundene Frustration und Wut ernst nehmen, aber nicht unbedingt nachgeben. Nur so kann das Kind lernen, dass es in Ordnung ist etwas zu wollen, das es auch geliebt wird und verstanden wird, wenn es nicht artig alles hinnimmt und seinem Ärger Luft macht und es lernt die wichtige Lektion, dass man nicht immer alles haben kann, was man möchte.[74]

Ich beobachte leider immer wieder Eltern mit Kindern, die ihrem Nachwuchs, des Öfteren lautstark, ihren Willen aufzwängen. Die Kinder weinen dann und bekommen häufig zu hören, dass sie sich nicht so „anstellen" sollen.

In diesem Fall wird die kleine Persönlichkeit nicht wahrgenommen und respektiert und man „zwingt" das Kind in ein fremdbestimmtes Verhaltensmuster.

---

[73] Kasten, 2007, S.150.
[74] Vgl. Juul, 2008, S.147ff.

Ich denke, dass Kinder in der Entwicklung ihrer Persönlichkeit bei andauernder Korrektur ihres Handelns und damit einhergehender Fremdbestimmtheit verlernen, sich selbst wahrzunehmen. Ihre Integrität wird, unbewusst, verletzt und die Persönlichkeit, die dann letztlich aus diesem erzieherischem Verhalten entstanden ist, ist so, wie sie in den Augen der Erziehenden sein sollte.

Deshalb ist es meiner Meinung nach so wichtig, in frühkindlichen Betreuungseinrichtungen nicht nur das pädagogische Konzept zur Förderung der sinnlichen Wahrnehmung zu beachten. Die Erzieher sollten sich fragen, wie und „wohin" sie die ihnen anvertrauten Kinder erziehen. Sehen sie das Kind wie es *jetzt ist* oder sehen sie ein Kind, das *werden soll*?

4. Frühkindliche Förderung der Selbst- und Sinneswahrnehmung in Kindertagesstätten an Beispielen pädagogischer Theorien

In den folgenden Ausführungen möchte ich darstellen, inwiefern die Entwicklung der Sinnes- und Selbstwahrnehmung von Kleinkindern in Kindertagesstätten mit verschiedenen pädagogischen Konzepten beachtet und gefördert wird.

4.1 Montessori-Pädagogik

Die Montessori-Pädagogik entstand in der ersten Hälfte des zwanzigsten Jahrhunderts. Obwohl sie in dem Sinne keine „moderne" Pädagogik ist, sind die Grundsätze heute durchaus aktuell.[75]

Welche Sichtweise verbirgt sich unter dem Begriff „Montessori – Pädagogik"?

---

[75] Vgl. Raapke, 2001, S.19.

4.1.1 Montessoris Gedanken zum Umgang mit Kindern

Maria Montessori, eine italienische Kinderärztin, hat die pädagogische Sicht auf den Umgang mit Kindern „revolutioniert". Sie vertrat die Auffassung, dass die Erwachsenen den Kindern eine Welt ermöglichen müssen, in der sie sich frei entfalten können und übte Kritik an der damaligen Sichtweise, wie ein Kind zu erziehen sei:

„Früher war es das ausschließliche Ziel der Erziehung ... das Kind für das soziale Leben, das es einmal zu führen hätte, vorzubereiten. Deshalb war man vor allem darauf bedacht, dass es die Erwachsenen nachahme, man zwang es, die schöpferischen Kräfte seines Geistes unter dem Nachahmungstrieb zu ersticken, man lehrte es vorzugsweise, was zu wissen für unentbehrlich gehalten wurde, um in der zivilisierten Welt zu leben." [76]

Auch heute noch kommt diese von Montessori kritisierte Erziehungsmethode in der Praxis vor.

Vor kurzem war der vierjährige Neffe meiner Freundin mit ihr bei uns zu Besuch. Dessen Oma kam schließlich, um ihn abzuholen. Meine Freundin kam mit ihr ins Gespräch und sie schwärmten davon, wie „wohlerzogen" der Junge doch ist: Es ist überhaupt kein Problem, mit ihm in ein Restaurant zu gehen, da er ja vorbildhaft sitzen bleibt und keine „Scherereien" macht.

Ich habe den Jungen in der kurzen Zeit bei uns als fröhlich, laut, übermütig, ausgelassen und ein wenig aggressiv im Umgang mit Spielzeug kennengelernt. Daher kann ich nur erahnen, wie oft die Integrität des Kindes verletzt wurde, um dieses „wohlerzogene" und „gesellschaftstaugliche" Ergebnis zu erzielen.

Über die Situation des Kindes in der Gesellschaft äußerte Montessori sich folgendermaßen:

„Das ist die Situation des Kindes, das in der Umwelt des Erwachsenen lebt: ein Störenfried, der etwas für sich sucht und

---

[76] Montessori/ Becker-Textor (Hrsg.), 2002, S.21f.

nichts findet, der eintritt und sogleich fortgewiesen wird.

...

Es ist ein an den Rand der Gesellschaft verwiesenes Wesen, das jedermann ohne Respekt behandeln, beschimpfen und strafen darf, dank einem von der Natur verliehenen Recht: dem Recht des Erwachsenen.

Ein seltsam seelisches Phänomen bewirkt, daß [sic!] der Erwachsene sich scheut, eine passende Welt für sein Kind zu schaffen."[77]

Des Weiteren sieht sie den (gutgemeinten) Irrtum im erzieherischen Umgang mit Kindern in der Kindheit des Erwachsenen selbst:

„Alles Gute und Böse des Menschen im reifen Alter ist eng verknüpft mit der Kindheit, in der es seinen Ursprung hat. All unsere Irrtümer übertragen wir auf unsere Kinder ... .

...

Dies alles enthüllt einen universellen, wenngleich bisher wenig beachteten Konflikt zwischen dem Erwachsenen und dem Kind."[78]

Ihre Kritik an dem Umgang mit Kindern wird noch deutlicher in einer ausdrücklichen Anklage an den Erwachsenen:

„Das Kind kann sich nicht so frei entwickeln, wie es für ein im Wachstum begriffenes Lebewesen erforderlich wäre, und zwar deshalb, weil der Erwachsene es unterdrückt.

...

Die Aufgabe ... ist gerade das Gegenteil von Unterdrückung: Sie [die Erziehenden] sollen das Kind erziehen und weiterbilden.

...

Sie alle werden plötzlich zu Angeklagten, und da so ziemlich alle Menschen Väter und Mütter sind und die Zahl der Lehrer und Erzieher groß ist, erweitert sich diese Anklage auf den Erwachsenen schlechthin, auf die menschliche Gesellschaft, die für das Kind verantwortlich ist.

---

[77] Montessori, 1993, S.8f.
[78] Montessori, 1993, S.11f.

Es ist etwas Apokalyptisches an dieser überraschenden Anklage, so
als riefe die ... Stimme des Jüngsten Gerichtes: ‚Was habt ihr mit den
euch anvertrauten Kindern getan?' [79]

Die Aussagen Montessoris spiegeln hauptsächlich die traditionelle
Erziehung zu Beginn des zwanzigsten Jahrhunderts wider. Damals
sah man es durchaus als notwendig an, ein Kind körperlich zu
züchtigen, wenn es sich nicht benahm. Sogar Lehrer hatten das
Recht, Kinder mit dem Rohrstock zu „Zucht und Ordnung" zu
erziehen. Auch heute noch kommt es zu körperlichen
Misshandlungen von Kindern, oft begleitet mit den elterlichen
Worten, dass es ihnen auch nicht „geschadet" hätte.[80]

Maria Montessori wollte für Kinder einen Raum schaffen, indem sie
„Kind" sein konnten, ohne der „erwachsenen" Welt in ihrer
Entwicklung ausgesetzt zu sein. In der damaligen Zeit wie heute ist
es größtenteils schwierig, sich für das Kind einzusetzen, ohne die
Gesellschaft (unbewusst) in die Kritik zu nehmen.

„Wer für das Kind eintritt, muß [sic!] dauernd diese anklagende
Haltung gegen den Erwachsenen einnehmen und darf hierbei weder
Nachsicht walten lassen noch Ausnahmen machen.' [81]

Montessori sieht im Verhältnis der Erwachsenen zum Kind eine
Egozentrik, da dieser dazu neigt, alles, was mit der Seele des
Kindes zusammenhängt, nach seinen Maßstäben zu beurteilen. Er
sieht in dem Kind ein unfähiges Wesen, welches der Führung des
Erwachsenen bedarf. So führt sich der „Erziehende" als Schöpfer
des Kindes auf und meint sich anmaßen zu können, die Handlungen
des Kindes in „Gut" und „Böse" kategorisieren zu müssen.

Montessori sprach von einer „Unfehlbarkeit", mit der sich der
Erwachsene den Kindern gegenüber als Vorbild zeigte. Sein Irrtum
sei es aber, die Kinder zu korrigieren, wenn sie sich abweichend vom
Charakter des Erwachsenen verhalten.[82]

---

[79] Montessori, 1993, S.23.
[80] Vgl. Brinkmann, S.65ff, in: Fuchs/Harth-Peter(Hrsg.), 1989.
[81] Montessori, 1993, S.24.
[82] Vgl. Montessori, 1993, S.27.

„Mit einem solchen Verhalten glaubt der Erwachsene um das Wohl des Kindes eifrig, voll Liebe und Opferbereitschaft besorgt zu sein. In Wirklichkeit aber **löscht er damit die Persönlichkeit des Kindes aus.***"*[83]

Montessoris Gedanken prangern somit die Einmischung der „Erziehenden" in Bezug auf die kindlichen Bedürfnisse und Wünsche an und sind sogleich ein Plädoyer für die Unabhängigkeit des Kindes und die Aufgabe der hierarchischen Strukturen.

„Das Kind kann in der komplizierten Welt des Erwachsenen kein ihm gemäßes Leben führen.

Mit seiner ständigen Beaufsichtigung, seinen unausgesetzten Ermahnungen und seinen willkürlichen Befehlen stört und hindert der Erwachsene die Entwicklung des Kindes. Alle aufkeimenden guten Kräfte werden erstickt, nur eines bleibt dem Kind: der heftige Wunsch sich von allem und von allen zu befreien.

Geben wir also die Rolle des Kerkermeisters auf und bemühen wir uns stattdessen, ihm eine Umgebung zu schaffen, in der man, so weit es möglich ist, darauf verzichtet, es mit Überwachung und Belehrung zu ermüden."[84]

Ihr Konzept der Pädagogik besteht darin, dass sich Kinder selbst verbessern, wenn man ihnen den nötigen Freiraum für Erfahrungen lässt. Kinder, die nicht laufend in ihrem forschenden Eifer durch Erwachsene belehrt werden, bemühen sich von selbst in ihren Tätigkeiten. Der Erziehende bleibt Zuschauer und leitet an beziehungsweise begleitet das Kind in seinen Bemühungen ohne sich einzumischen.[85]

„Jedes kleine Kind, das sich selber genügen kann ... spiegelt in seiner Freude und Fröhlichkeit einen Abglanz menschlicher Würde wider. Denn die menschliche Würde entspringt dem Gefühl der Unabhängigkeit."[86]

---

[83] Montessori, 1993, S.27.
[84] Montessori/Becker-Textor (Hrsg.), 2002, S.24.
[85] Vgl. Montessori/ Becker-Textor (Hrsg.), 2002, S.24f.
[86] Montessori/ Becker-Textor (Hrsg.), 2002, S.27.

Diese Ausführungen machen deutlich, dass Montessoris Überlegungen für die Selbstbestimmtheit des Kindes plädieren und somit theoretisch förderlich für die Selbstwahrnehmung sind.

Andererseits bin ich der Meinung, dass Maria Montessoris Gedanken über den Umgang mit Kindern aus einer Zeit stammen, in der andere Werte herrschten.

Sie plädierte zwar für die Unabhängigkeit des Kindes und für dessen Eigenverantwortung, legte aber in ihren Übungen trotzdem Wert darauf, dass die Kinder einem strikten Muster folgten.[87] Ebenso waren ihr gute Manieren und Höflichkeiten wichtig.

In Seldins „Erziehungs-Handbuch" ist darüber zu lesen, dass in Montessori-Schulen die Vermittlung von Anstand und Höflichkeit zum Lehrplan gehört.

Weiter schreibt er mit Bezug auf die Methoden der Montessori - Pädagogik:

„Denken Sie immer daran, dass ihr Kind von den Menschen in seiner Umgebung stark beeinflusst wird. Achten sie sorgsam darauf, mit welchen Kindern und Erwachsenen es zusammen ist. Schützen sie es vor lauten, chaotischen Situationen mit überreizten Kindern. Hier ist schlechtes Benehmen die Regel.

Wählen sie die Spielkameraden Ihres Kindes mit Bedacht aus.

...

...es ist ihre Verpflichtung auf den Umgang ihrer Kinder zu achten.'[88]

Ein Plädoyer für die Unabhängigkeit des Kindes zu halten, um dann später autoritär zu bestimmen, mit wem ein Kind spielen soll, halte ich für widersprüchlich. Ein Kind kann nur insofern frei und selbstverantwortlich leben, wenn es nicht nach den Werten anderer handeln muss und auch die Verantwortung für die Auswahl seiner Freunde treffen darf.

Die Montessori-Pädagogik scheint somit zwar in ihren theoretischen Überlegungen für die Selbstwahrnehmung förderlich zu sein, spricht

---

[87] Siehe dazu auch 4.1.2 Kurzbeschreibung der bekannten Montessori-Materialien, S.46f.
[88] Seldin, 2007, S.123.

aber in der Praxis eine „oberflächliche" Sprache. Sie beurteilt Menschen nach ihrem Benehmen und spricht Kindern die Fähigkeit ab, Selbstverantwortung für sich hinsichtlich des „schlechten Einflusses" übernehmen zu können.

4.1.2 Kurzbeschreibung der bekannten Montessori- Materialien

Mit der Montessori-Pädagogik wird auch das Material in Verbindung gebracht, welches von ihr für die Förderung der kindlichen Entwicklung zusammengetragen wurde.
Dieses Material wird in sechs Gruppen gegliedert:
1. Material für Übungen des täglichen Lebens
2. Material für kulturelle Übungen
3. Sinnesmaterial – diese reflektieren die Gesetzmäßigkeiten der realen Welt
4. Material für die Anfänge der Mathematik
5. Material für die Anfänge des Schreibens und Lesens
6. Einrichtungen für die Übungen der Bewegung und der Stille. [89]
Ich möchte mich auf die Sinnesmaterialien beschränken und den differenzierten Umgang für die unterschiedlichen sinnlichen Erfahrungen beschreiben.
Montessori hatte die Materialien so konstruiert, dass abstrakte Begriffe oder Vorstellungen wie kurz oder lang in konkrete Formen, zum Beispiel in hölzerne Stangen unterschiedlicher Länge, übertragen werden können
Es gibt verschiedene Sinnesmaterialien, die unterteilt werden in Material zur Unterscheidung von Dimensionen, Formen, Farben und Geräuschen.
Bei der Arbeit mit dem Material zur Unterscheidung von Dimensionen geht es darum, im Umgang mit den Kombinationen groß/ klein, dick/ dünn, lang/ kurz, hoch/ niedrig und schmal/ breit die Unterschiede zu erkennen, zu begreifen und sie benennen zu können.

---

[89] Vgl. Raapke, 2001, S.86.

Materialien dafür sind der „rosa Turm"- bestehend aus zehn massiven hölzernen rosafarbenen Würfeln, wobei der größte Würfel einen Kantenlänge von zehn Zentimetern hat und der Kleinste ein Zentimeter misst, die „braune Treppe" (bestehend aus zehn massiven, hölzernen Quadern von zwanzig Zentimeter Länge mit absteigender Tendenz von einem Zentimeter pro quadratischer Seitenfläche – dicker/dünner Quader) oder die „Roten Stangen" für die Unterscheidung von kurz und lang. Die längste Stange misst einen Meter und die Kürzeste zehn Zentimeter, das Set besteht aus zehn Stangen. [90]

Am Beispiel des „rosa Turmes" lässt sich der spielerische Umgang zum Unterscheiden von groß und klein folgendermaßen beschreiben: *„Der Turm repräsentiert also das Dezimalsystem in mehrfacher Weise, und die Kinder ‚begreifen' es mit den Händen, lange bevor sie es im Kopf begreifen.*

...

Wie bei den anderen Sinnesmaterialien kann auch beim rosa Turm das Kind selbst Fehler im Aufbau kontrollieren.'[91]

Ein weiteres Material zur Unterscheidung der Dimensionen sind die „Einsatzzylinder", vier längliche Blöcke aus Naturholz mit Löchern für jeweils zehn Holzzylinder, die in diese eingesetzt werden können. Die Hohlräume und die Zylinder verändern sich in ihrer Dimension von Block zu Block, so dass beispielsweise die Löcher flacher werden und die Zylinder an Höhe gleichmäßig abnehmen.

Bei dem Material zum Unterscheiden von Formen sind drei inhaltlich aufeinander bezogene Materialsätze vorgesehen. Es gibt die „geometrische Kommode", die „konstruktiven Dreiecke" und die „geometrischen Körper".

Raapke bezieht sich in seinen Ausführungen auf die geometrischen Körper und beschreibt sie unter anderem als besonders beliebtes

---

[90] Vgl. zu diesem Abschnitt Raapke, 2001, S.93f.
[91] Raapke, 2001. S.95f.

Arbeitsmaterial.[92]

„Es handelt sich um neun verschiedene Körper: Kugel, Ellipsoid, Ei, Zylinder, Pyramide, Kegel, Quader, Kubus (Würfel), dreiseitiges Prisma. Beim spielerischen Hantieren ordnen sich bereits einige wichtige Merkmale. Einige Körper rollen, andere kippen. Diese Wörter können die Kinder schon bald lernen. Vor allem aber kommt es darauf an, die Körper zu betasten, sie auch mit geschlossenen Augen wiederzuerkennen und zu wissen, ob sie rollen oder kippen [...].[93]

Zum Unterscheiden von Farben werden Farbtäfelchen benutzt, welche auch diagnostisch eingesetzt werden können. Mit Hilfe dieses Materials kann auf Störungen wie Farbenblindheit oder Rot-Grün-Schwäche aufmerksam gemacht werden.

Dann gibt es noch die „Geräuschdosen", die ebenso als diagnostisches Material geeignet sind. Etwaige Hörstörungen können beim Umgang mit den Dosen identifiziert werden.

Die zweimal sechs Holzdosen – je mit roten und blauen Deckeln – sind mit verschiedenen grob gekörnten Materialien gefüllt, die beim Schütteln Geräusche erzeugen, welche in laut und leise skaliert werden.

Weitere Sinnesmaterialien sind Glocken zur Unterscheidung von Tonhöhen (Unterscheidung von Geräuschen), Tastbretter, Gewichtsbrettchen und Wärmekrüge sowie Duftdosen und Geschmacksproben (Unterscheidung von Dimensionen: warm/kalt, süß/ salzig etc.) [94]

Bei den Sinnesmaterialien ging es Montessori überwiegend um das Trainieren eines Sinnes, so dass Kritiker die Frage stellten, wo bei den Übungen die Ganzheitlichkeit bliebe?

Raapke beantwortet diese Frage in seinen Ausführungen mit der Tatsache, dass Montessori sich bei der Entwicklung ihrer Materialien

---

[92] Vgl. zu diesem Abschnitt Raapke, 2001, S.98f.
[93] Raapke, 2001, S.99.
[94] Vgl. Raapke, 2001, S.100f.

an den französischen „Behindertenpädagogen" Séguin orientiert hatte.

Da geistige und körperlich beeinträchtigte Menschen unter dem Ausfall einzelner Sinnesfunktionen leiden können, ist es in solchen Fällen vernünftig, bestimmte Sinne einzeln zu trainieren.

Für Montessori stand generell die Diagnostik im Vordergrund. Sie sah in der Arbeit mit den Materialien eine Möglichkeit, Störungen der Sinne frühestmöglich zu erkennen.

Raapke betont außerdem, dass die Ganzheitlichkeit der Sinne nach Montessoris Methode durchaus nicht aufgelöst, sondern vielmehr auf übersichtliche Einheiten reduziert wird.[95]

Montessori legte bei der Arbeit mit ihren Sinnesmaterialien großen Wert darauf, dass mit einem Kind Neues nach einer präzisen Abfolge erlernt werden sollte.

Diese Methode ist unter dem Namen „Dreistufenlektion" bekannt. Sie lässt sich folgendermaßen zusammenfassen:

1. Stufe: Assoziation von Sinneswahrnehmung und Namen. Dem Kind werden beispielsweise die Farben Rot und Blau vorgelegt und dementsprechend benannt.

2. Stufe: Erkennen des dem Namen entsprechenden Gegenstandes. „Gib mir Rot- Blau." – das Kind reagiert dementsprechend oder wird bei einem Fehler die erste Stufe im Anschluss wiederholen.

3. Stufe: Erinnern an den Namen des entsprechenden Gegenstandes . Frage nach dem Genannten – „Was ist Blau – Rot?", das Kind soll dementsprechend antworten.

In der Praxis kann es geschehen, dass Kinder die zweite und dritte Stufe in einem Schritt vollziehen.[96]

„Montessoris Ziel war dabei eine verfeinerte und gesteigerte Aktivität der Sinne. Durch den Kontakt zwischen Sinnen und Bewegung entstünde „eine immer zuverlässigere und reichhaltige Grundlage für die Entwicklung der Intelligenz". Montessori bezeichnete ihr

---

[95] Vgl. Raapke, 2001, S.94.
[96] Vgl. Raapke, 2001, S. 88f; vgl. Montessori /Becker-Textor (Hrsg.), 2002, S.91.

Sinnesmaterial deshalb als „Entwicklungsmaterial".[97]

Demnach wird die Förderung der Sinne in der Montessori-Pädagogik einem großen Stellenwert zugeschrieben.

Voraussetzung für die Umsetzung im Sinne nach Montessori ist aber die Tatsache, dass Erzieher nicht nur nach der Methode handeln, sondern auch nach ihren Überlegungen im Umgang mit Kindern.

In einem Buch zu Methoden nach der Montessori- Pädagogik bin ich über einen Satz gestoßen, der sich meiner Meinung nach nicht mit Montessoris Gedanken verbinden lässt.

„Verwendet ihr Kind eines der Materialien anders als vorgesehen, muss die Aktivität sofort beendet werden. **Dadurch begreift ihr Kind, dass sein Verhalten nicht richtig war.**[98]

Montessori kritisierte dieses „erwachsene" Denken.[99]

Es ist doch vielmehr die Erwartungshaltung des Erwachsenen, welche als falsches Verhalten deklariert werden müsste.

Vergleichen kann man dieses Verhalten mit den Erwartungen eines Erwachsenen, wie ein Kind mit dem ihm bereitgestellten Spielzeug umgeht.

In einem Aufsatz zur Bildung und Erziehung in der frühen Kindheit beschreibt P. Völkel dieses Erwartungsverhalten im Kontext der Überforderung von Kleinkindern präzise:

„Grundsätzlich kann man sagen, dass es nicht das Spielzeug ist, welches kleine Kinder überfordert, sondern die Erwartung von Erwachsenen hinsichtlich des „richtigen" Umgangs mit diesem Spielzeug." [100]

4.1.3 Möglichkeiten der frühkindlichen Förderung im Sinne von Montessori

Die didaktischen Materialien Montessoris wurden größtenteils für

---

[97] Raapke, 2001, S.94 zit. nach Montessori: Die Entdeckung des Kindes, S.112.
[98] Pitamic, 2004, S.9.
[99] Siehe hierzu 4.1.1 Montessoris Gedanken zum Umgang mit Kindern, S.40f.
[100] Völkel, S.139, in: Laewen/ Andres (Hrsg.), 2002.

Kinder im Kindergarten- und Schulalteralter entwickelt.

Wie kann man Montessoris Gedanken zur spielerischen Förderung der sinnlichen Wahrnehmung in eine Kindertagesstätte für Säuglinge und Kleinkinder integrieren?

Tim Seldin, Präsident der amerikanischen Montessori-Vereinigung und Vorsitzender des internationalen Montessori-Rates, beschreibt Möglichkeiten der Förderung im Sinne von Montessori schon ab dem Säuglingsalter.

Für Babys kann das visuelle Wahrnehmungsvermögen gefördert werden, indem man bei der Gestaltung der Räume farbliche Akzente setzt und auf Muster und Kontraste (schwarz-weiß oder farblich hell-dunkel) achtet. Diese können dem Baby bei seiner visuellen Entdeckungsreise immer wieder neue Eindrücke verschaffen.

Ebenso reagieren Babys auf bewegliche Dinge. Einige Mobiles mit schönen klaren Motiven sollten im Raum befestigt werden. Sich langsam drehende Mobiles bieten dem Baby einen ständig veränderten Blickpunkt.

Auch Musik hören ist eine wichtige Sinneserfahrung.

Musikalische Stimulation sensibilisiert Kinder in künstlerischer Hinsicht und fördert die Entwicklung einiger Bereiche des Gehirns. Melodien und Lieder sind wichtig und schaffen Erinnerungen an die Kindheit. [101]

Man kann Melodien und Lieder auch mit Bewegungen begleiten, so dass Babys in ihrer seiner sinnlichen Wahrnehmung nicht nur primär auditiv angesprochen, sondern auch die vestibuläre und kinästhetische Wahrnehmung mit einbezogen werden.[102]

In seinem Buch „Kinder fördern nach Montessori" beschreibt Seldin eine „Schatzkiste", die aus einem flachen Karton oder einem Korb besteht.

Diese „Schatzkiste" soll mit 50 – 100 Gegenständen gefüllt werden, die sich in Gestalt, Farbe, Beschaffenheit, Gewicht und Geruch

---

[101] Vgl. zu diesem Abschnitt Seldin, 2007, S.54ff.
[102] Vgl. hierzu vertiefend Austermann/ Wohlleben: Zehn kleine Krabbelfinger.

voneinander unterscheiden und ungefährlich für das Kind sind. So kann das Baby sein sinnliches Wahrnehmungsvermögen durch schmecken, betrachten, riechen, hören, fühlen und untersuchen der Gegenstände aktivieren und schulen.[103]

Es gibt spielerische Aktivitäten für Kleinkinder, die primär das Sehvermögen anregen sollen. Gleichzeitig ist es aber bei der Ausführung für das Kind erforderlich, die anderen Sinne einzusetzen. Zu solchen Aktivitäten zählt Seldin das Sortieren von Gegenständen (zum Beispiel Knöpfe), Bauklötze stapeln, einfache Steck-Puzzles, einen Formen-Sortierkasten (ein Kasten mit geometrischen Öffnungen und dazu passenden Formen) und für die Dreijährigen das Memory-Spiel sowie die Farbtäfelchen nach Montessori.

Um dem Kind das Kennenlernen verschiedener Töne und Klänge zu ermöglichen eignen sich beispielsweise getrocknete Bohnen, die einen Klang erzeugen, wenn sie in eine Schüssel fallen gelassen werden.

Klingende Glöckchen oder die Geräuschdosen, die von Montessori entwickelt wurden, können ebenfalls für Übungen benutzt werden. Eine Möglichkeit um den Tastsinn des Kindes zu schulen ist die bereits erwähnte Schatzkiste. Wenn sich der Tastsinn verfeinert, sollte man schwierigere Aktivitäten wie Fühlmemory oder Stoffe fühlen (ab zwei Jahren) anbieten. Hierbei lernt das Kind verschiedene Materialien kennen und es wird – beim Spiel mit verbundenen Augen- der Tastsinn und die Konzentration gefördert. Für Dreijährige gibt es den „geheimnisvollen Beutel". Das Kind erfühlt einen Gegenstand, den es kennt und benennen kann.

Der Geruchssinn ist bei Kindern viel feiner als bei den meisten Erwachsenen.

Seldin beschreibt eine Übung, die für Dreijährige geeignet ist und die olfaktorische Wahrnehmungsfähigkeit schulen soll. Das Kind lernt zudem verschiedene Aromen zu erkennen und zu benennen.

Bei den Geruchsdosen, die auch zum Montessori-Material gehören,

---

[103] Vgl. Seldin, 2007, S. 56f.

geht es darum, Partner-Düfte zu „erriechen". Der gleiche Duft befindet sich jeweils in einem hellen und einem dunklen Döschen und das Kind soll aus verschiedenen Düften Paare „erschnuppern", [104] sozusagen ein „Riech-Memory".

Auch der Geschmackssinn kann durch Übungen geschult werden. Für Dreijährige gibt es die Möglichkeit „Schmeck-Fläschchen" zusammenzustellen. Auch bei dieser Übung geht es darum Paare zu finden. Jeweils vier helle und vier dunkle Fläschchen mit einer Tropfpipette enthalten die Geschmacksrichtungen süß (Zuckerwasser), salzig (Salzwasser), sauer (Zitronensaft) und bitter (verdünnter schwarzer Kaffee). Das Kind kann sich aus einer hellen Flasche mit der Pipette einen Tropfen auf den Handrücken geben und dann schmecken, dann soll es den gleichen Geschmack aus einem der dunklen Flaschen „erschmecken".[105]

Diese Übungen im Sinne der Montessori-Pädagogik, die problemlos in den Alltag einer Kindertagesstätte integriert werden können, fördern die frühkindliche Wahrnehmung einzelner sinnlicher Erfahrungen.

4.2 Reggio-Pädagogik

Loris Malaguzzi schrieb über die Rechte der Kinder: *„Kinder haben das Recht, überall als eigenständige Subjekte individueller, juristischer, bürgerlicher und sozialer Rechte anerkannt zu werden. Sie sind Träger und Schöpfer eigener Kulturen. Und damit sind sie aktiv daran beteiligt, ihre Identität, Autonomie und Kompetenzen auszubilden, ..."[106]*

Die Reggio- Pädagogik wurde nach dem Ursprungsort benannt, in dem sie ihre Premiere feierte. In Reggio Emilia, einem Ort in Norditalien, entwickelte Malaguzzi mit seinen Mitarbeitern ein

---

[104] Vgl. Zu diesem Abschnitt Seldin, 2007, S.62ff.
[105] Vgl. Seldin, 2007, S.73.
[106] Malaguzzi, S.63, in: Reggio Children, 1995.

Konzept, welches bestimmt ist von der Erkenntnis, dass Kinder sich über alle Sinne ihre Welt aneignen und für sich erschaffen.[107]

„Die Entwicklung der Wahrnehmung und die Verarbeitung des Wahrgenommenen ist ... ein Prozess, der sehr früh beginnt und ein Leben lang fortdauert.

...

Freiheit und Anleitung- werden als Voraussetzung für die bewusste Förderung aller Sinne, für die geistige, persönliche und soziale Entwicklung des Kindes sowie für den Aufbau von Identität und die allmähliche Aneignung der es umgebenden Welt angesehen."[108]
Hiernach ergeben sich Ähnlichkeiten mit den pädagogischen Überlegungen Montessoris. Auch sie plädierte für die Freiheit und Unabhängigkeit in Bezug auf die Entwicklung des Kindes.[109]

4.2.1 Merkmale der Reggio-Pädagogik

Die Kindergärten und Krippen, in denen der reggianische Ansatz angewendet wird, sind in der Regel kommunale Einrichtungen. Diese kommunale Trägerschaft fördert die Nähe zum Gemeinwesen, zum Stadtteil und zu den Eltern.[110]

„Kindererziehung wird als gemeinschaftliche Aufgabe ... verstanden. So werden die Einrichtungen nicht von einer Einzelperson geleitet, sondern von einem kollektiven Leitungsrat aus Eltern, Erzieher/innen und Bürgern des Stadtteils. Der Leitungsrat gliedert sich in Arbeitsgruppen,"[111]

In diesen Arbeitsgruppen kümmert man sich beispielsweise um die Gestaltung der Räume oder um die Außenbezlehungen der Einrichtung.
Neben den Treffen der Arbeitsgruppen gibt es Elternabende, die

---

[107] Vgl. Zimmer, 2005, S.187.
[108] Zimmer, 2005, S.187f.
[109] Siehe dazu auch 4.1.1 Montessoris Gedanken zum Umgang mit Kindern, S.40f.
[110] Vgl. Göhlich, S.184, in: Göhlich(Hrsg.), 1997.
[111] Göhlich, S.191, in: Göhlich(Hrsg.), 1997.

häufig medial gestaltet sind, um den Eltern einen umfassenden Einblick in den „Reggio-Alltag" ihrer Kinder zu gewähren.

Ein charakteristisches Merkmal der Reggiopädagogik ist die dortige Mitarbeit von Kunsterzieher(inne)n. [112]

Der Prozess der Wahrnehmung, Aneignung und Gestaltung steht im Mittelpunkt der pädagogischen Arbeit.

Die erzieherische Aufgabe besteht darin, Kinder bei der Entwicklung ihrer Wahrnehmungsstrukturen zu unterstützen. Die Kinder werden angeregt, Neues auszuprobieren. Bedürfnisse sollen aufgegriffen werden, das Interesse an der Welt geweckt und ängstliche Kinder sollten in ihrem Sein ermutigt und unterstützt werden.

Aus diesem Ansatzpunkt der Reggio-Pädagogik entwickelte sich die Überzeugung, dass der Mensch neben der gesprochenen Sprache sich auch auf andere Weise ausdrücken kann.

Aus diesem Grund stehen Anhänger der Reggio-Pädagogik der üblichen Kindeserziehung kritisch gegenüber, da mit Worten unterrichtet und wiederholt wird, ebenso wird mittels der gesprochenen Sprache angeordnet, gepredigt und korrigiert. Dadurch wird nach Aussage von R. Zimmer der kommunikative Austausch mit dem Kind auf das Gesprochene begrenzt. [113]

„Das Kind hat hundert Sprachen und die Gesellschaft raubt ihm neunundneunzig, nämlich alle Ausdrucks- und Wahrnehmungsformen außer der Verbalsprache, ..."[114]

In reggianischen Einrichtungen wird die Wahrnehmungs- und Ausdrucksförderung oft in Projekten erarbeitet. Göhlich beschreibt, dass die Auswahl der Projektthemen aus Alltagserfahrungen, z.B. Schatten oder Regen, der Kinder ausgehen. Dabei werden Vorerfahrungen der Kinder auf vielfältige Weise- mündlich, durch Zeichnungen, etc. – gesammelt.[115]

---

[112] Vgl. Göhlich, S.191, in: Göhlich(Hrsg.), 1997.
[113] Vgl. Zimmer, 2005, S.188f.
[114] Göhlich, S.192, in: Göhlich(Hrsg.), 1997.
[115] Vgl. Göhlich, S.192, in: Göhlich(Hrsg.), 1997.

Das weitere Vorgehen beschreibt Göhlich als *„ein Erkundungsgang, um die Kinder so direkt wie möglich mit dem Phänomen zu konfrontieren. Bei den Erkundungen schauen die Kinder nicht nur etwas an, sondern berühren, bewegen, zeichnen und bearbeiten es, soweit dies möglich ist."*[116]

In seinen Ausführungen bezieht sich Göhlich auf ein Projektbeispiel, bei dem die Kinder versuchen einen Schatten zu verstecken. Es handelt sich dabei um den Schatten eines Kindes, welcher am Boden mit einer Zeichnung festgehalten wurde.

Die Kinder versuchten ihn mit einer Plane oder mit Kieselsteinen zuzudecken, bis sie schließlich entdeckten, dass ein Schatten auf diese Weise nicht zugedeckt werden kann.

Ermöglicht wurde ihnen diese Einsicht durch die Bereitstellung von Materialien und durch die zurückhaltenden Beobachtungshinweise und –fragen der Erzieher(innen).

Bei solchen spielerischen Entdeckungsreisen wurde beobachtet, dass sich die Kinder untereinander korrigieren und in Wahrnehmung und Ausdruck gegenseitig bereichern. Deshalb wird der Austausch der Kinder untereinander ausdrücklich gefördert und dokumentiert.

Zur Dokumentation gehört auch, dass Erkundungen fotografisch festgehalten werden und die Bilder den Kindern später zur Aufarbeitung des Erlebten dienen. Diese Aufarbeitung kann im Gespräch erfolgen, aber auch auf spielerische Weise umgesetzt werden, beispielsweise durch eine theatralische Inszenierung.[117]

Ich sehe hier den signifikanten Unterschied zwischen der pädagogischen Praxis Montessoris und der reggianischen Praxis.

Bei Montessori wird die Wahrnehmung an festgelegten Materialien unter Einhaltung einer genauen Abfolge (Drei-Stufen-Lektion) geübt. Die Kinder in der reggianischen Praxis haben dagegen viel mehr Spielraum zum Erforschen und Erlernen. Ihnen wird keine starre

---

[116] Göhlich, S.192, in: Göhlich(Hrsg.), 1997.
[117] Vgl. Göhlich, S. 192f, in: Göhlich(Hrsg.), 1997.

Abfolge von Lerneinheiten diktiert, sondern sie gestalten ihre Lerneinheiten auf eigene Art.

Malaguzzi beschrieb die kindliche Eigenart des Lernens im Zusammenhang mit der kindlichen Freiheit:

„Kinder brauchen Freiheit, um etwas zu erforschen, auszuprobieren, Fehler zu machen und zu korrigieren. Sie müssen wählen können, wo und mit wem sie ihre Neugier, ihre Intelligenz, ihre Emotionen einsetzen: Um die unerschöpflichen Möglichkeiten der Hände, der Augen und der Ohren, der Formen, Materialien, Töne und Farben zu erspüren, sich bewusst zu machen, wie der Verstand, das Denken und die Fantasie ständig Verbindungen zwischen einzelnen Dingen herstellen und die Welt in Bewegung und Aufruhr versetzen."[118]

Die Reggio –Pädagogik wird aufgrund der vielfältigen Möglichkeiten nicht als eine Methode bezeichnet, die Erzieher(innen) selbst sprechen von einer Pädagogik als Projekt, einer Erfahrung im Alltag mit Kindern: die „esperienza reggiana". Das pädagogische Konzept wird daher bei internen Treffen immer wieder auf seinen Sinn überprüft und gegebenenfalls überarbeitet und den aktuellen Bedingungen angepasst.[119]

Loris Malaguzzi äußerte sich in einem Interview dazu: *„Die Anhaltspunkte für das, was wir ‚Pädagogik als Projekt' ... nennen, liegen ... in der Fähigkeit, die historischen, ökonomischen, politischen und kulturellen Hintergründe analysieren und interpretieren zu können, ...*"[120]

Ein weiteres Augenmerk der Reggio- Pädagogik ist die Identitätsentwicklung der Kinder. Daher sind in solchen Einrichtungen viele Spiegel angebracht, um die Kinder dazu anzuregen sich selbst und andere zu entdecken und mit ihrer Mimik und Gestik zu spielen.[121]

---

[118] Zimmer, 2005, S.189, zit. nach Malaguzzi, S.382, in: Sommer, 1985.
[119] Vgl.Göhlich, S. 195, in: Göhlich(Hrsg.), 1997.
[120] Malaguzzi, S.197, in: Göhlich (Hrsg.), 1997.
[121] Vgl. Zimmer, 2005, S.189.

„Spiegel werfen aber nicht nur das eigene Bild zurück, sondern auch das von Freunden und deren Bewegungen in der Gruppe. Spiegel verleiten zur Kontaktaufnahme, zum Vergleichen von Ähnlichkeiten und Unterschieden und zum gemeinsamen Spiel. ... Spiegel machen nicht eitel, sondern reichern die Sinneseindrücke der Kinder an und helfen ihnen, ihr Selbstbild aufzubauen und ihre Identität zu stärken."[122]

Die Raumgestaltung an sich ist für die Reggio- Pädagogik ein wesentlicher Faktor bei der Arbeit mit Kindern. Bei der Wahrnehmungs- und Ausdrucksförderung sowie bei der Unterstützung der Identitätsbildung trägt die Umgebung nach Ansicht der „Reggianer" wesentlich zum pädagogischen Prozess bei.[123]

„Räume gelten in Reggio als dritte Erzieherin, die zwar stumm, aber nachhaltig auf die Kinder einwirkt."[124]

Die Ausstattung der reggianischen Kindertagesstätten ist ideenreich und dreidimensional. Treppen, Podeste, Stufen sowie große Freiflächen ermöglichen den Kindern ein Spielen in der dritten Raumebene. Neben den bereits erwähnten Spiegeln gibt es für die Kleinsten auch kuschelige Rückzugsmöglichkeiten.

Für die älteren Kinder stehen außerdem ein Mini-Atelier mit diversen Materialien zur Verfügung, eine Wohnküche (die oft als eigener Raum im Raum steht und vor „erwachsenen" Blicken geschützt ist), eine Bau- und Konstruktionsecke, eine Verkleidungsecke mit diversen Utensilien zum „Verwandeln", ein Bereich mit Tischen zum Essen oder Zeichnen, eine Kuschelecke mit Bilderbüchern und eine „Freundschaftsecke", in der jedes Kind einen eigenen „Briefkasten" für Geschenke, zum Beispiel Bonbons oder Bilder, anderer hat.[126]

Ich meine, dass mit den vorangegangenen Ausführungen deutlich geworden ist, dass die Reggio – Pädagogik neben der Förderung der

---

[122] Hermann/Wunschel, 2002, S.84.

[123] Vgl. Göhlich, S.194, in: Göhlich (Hrsg.), 1997.

[124] Zimmer, 2005, S.190.

[125] Vgl. zu diesem Abschnitt Göhlich, S.194f, in: Göhlich(Hrsg.), 1997; vgl. Zimmer, 2005, S.190.

sinnlichen Wahrnehmung bedeutende Maßnahmen zur Identitätsbildung an die Kinder heranträgt. Dadurch ist eine Förderung der Selbstwahrnehmung und des damit verbundenen Selbstgefühls gegeben.

4.2.2 Transfermöglichkeiten der Reggio- Pädagogik in deutsche Kindertagesstätten

Ist es möglich, die Reggio-Pädagogik für deutsche Kindertagesstätten zu übernehmen?
E. Krieg schrieb in einem Aufsatz zu den Transfermöglichkeiten des reggianischen Ansatzes in Kindertagesstätten:
„In der Diskussion um pädagogische Innovation in deutschen Einrichtungen findet die Reggiopädagogik seit ca. zehn Jahren großes Interesse.

...

Bei der Betrachtung der Versuche, die pädagogische Konzeption ... zu übernehmen, stellt sich die Frage, inwieweit diese Konzeption problemlos auf die pädagogische Arbeit hiesiger Institutionen übertragen werden kann."[126]
Da die Erziehung in der Reggio-Pädagogik als eine gesamtgesellschaftliche und politische Aufgabe gesehen wird, sind die Eltern durch ihre Mitwirkung im Leistungsrat unmittelbar an der Arbeit in der jeweiligen Kindertagesstätte beteiligt.
Über Dokumentationen in Form von Wandzeitungen, die aus den Arbeiten der Kinder entstehen, sowie über Fotos und Aufzeichnungen wird das Erleben der Kinder für die Eltern transparent. Die Dokumentationen dienen als Grundlage für Diskussionen zwischen den Mitarbeitern der Einrichtungen und den Eltern. In Teamarbeit erfolgt anhand der Dokumentationen eine Weiterentwicklung der pädagogischen Arbeit. [127]

---

[126] Krieg, S.209, in: Göhlich(Hrsg.), 1997.
[127] Vgl. Krieg, S.209f, in: Göhlich (Hrsg.), 1997.

*„Diese Form der Gemeinschaftlichkeit ist tief in der reggianischen
Kultur, der republikanischen und genossenschaftlichen Tradition der
Stadt verwurzelt."* [128]

Hier sieht Krieg auch die Schwierigkeit im Transfer des
reggianischen Ansatzes: *„Wir legen eher großen Wert auf die
Wahrung unserer Privatsphäre, ... Basisdemokratische Formen sind
bei uns kaum verbreitet. Die Erziehung wird immer noch weitgehend
als Privatangelegenheit der Familie gesehen."*[129]

Des Weiteren kritisiert Krieg die Möglichkeiten der Teilhabe der
Eltern an der Arbeit in den Einrichtungen. So schreibt sie über den
Einfluss der Eltern: *„ Ihre Beteiligung ... bezieht sich häufig maximal
auf Hilfstätigkeiten wie Begleitung bei Ausflügen, Mithilfe bei
Basaren und Festen. Ihre Mitarbeit über Elternbeiräte beschränkt
sich in der Regel auf formale Tätigkeiten."*[130]

Teamarbeit zwischen Erzieher(innen) und Eltern sind in Deutschland
wenig verbreitet. Auch erfahren Mitarbeiter kindlicher
Betreuungseinrichtungen insgesamt wenig Anerkennung in der
deutschen Gesellschaft. [131]

Christiane Feuersenger, Leiterin eines Berliner Kinderladens[132],
stellte fest, dass die Mitarbeiter in Reggio Emilia eine höhere
Anerkennung in der Gesellschaft bekommen als deutsche
Erzieher(innen): *„Sie [die Kinder und Erzieher(innen)] genießen in
der Stadt eine hohe Wertschätzung und finden Verständnis und*

---

[128] Krieg, S.210, in: Göhlich(Hrsg.), 1997.
[129] Krieg, S.210, in: Göhlich(Hrsg.), 1997.
[130] Krieg, S.210, in: Göhlich(Hrsg.), 1997.
[131] Vgl. Krieg, S.211, in: Göhlich(Hrsg.), 1997.
[132] Ein Kinderladen ist ein selbstverwalteter, meist von Elterninitiativen getragener
Kindergarten, indem häufig nach antiautoritären Merkmalen erzogen wird. Die
Kinderladenbewegung begann 1968 mit der Gründung von Kinderläden in Berlin, Stuttgart
und Hamburg. Die Einrichtungen nutzen oft ehemalige Geschäftsräume (Läden), daher der
Name. Die Gründung in Berlin fand im studentischen Milieu statt und wurde vom
„Aktionsrat zur Befreiung der Frau" – einer Frauenbewegung- organisiert. Die
Kinderladenbewegung verstand sich als Teil des gesellschaftlichen Protestes gegen die
bestehenden Verhältnisse. Vgl. www.wikipedia.org/wiki/Kinderladen, 21.07.2009.
„Prinzipien der Kinderladen – Pädagogik waren eine kollektive ... Erziehung, der Aufbau
eines wachen politischen Bewusstseins ... , und sexuelle Selbstregulierung." Böhm, 2005,
S.347.

Unterstützung für ihre Aktivitäten in ihrem Umfeld. Ihre Arbeit wird als anspruchsvoll und anstrengend gesehen. ... ."[133]

Feuersenger beklagt weiterhin, dass ihre Arbeit in ihrem Umfeld teilweise nicht ernst genommen wird und dass sie in der Nachbarschaft des Kinderladens oft auf Ablehnung in Bezug auf das Eigenleben der Kinder stößt.[134]

„Die Form unserer Kinder, sich mit vielfältigen Fragestellungen zu beschäftigen, die Art, ihr Spiel und Lernen zu organisieren, entspricht nicht immer dem Ordnungsempfinden und dem Bedürfnis nach Ruhe im Umfeld unserer Einrichtung."[135]

Mitarbeiter von Kindertagesstätten und ähnlichen Einrichtungen müssen nicht nur um die Akzeptanz und Wertschätzung ihrer Arbeit mit Kindern in unserer Gesellschaft kämpfen. Auch durch die Träger erfahren sie häufig wenig Unterstützung. Die allgemeine Finanzproblematik führt zudem zu einer Verschlechterung der Rahmen- und somit auch der Arbeitsbedingungen.[136]

Aus den vorangegangenen Ausführungen schließe ich, dass ein Transfer des reggianischen Ansatzes in deutsche Kindertagesstätten möglich ist. Es ist aber von der Akzeptanz des Umfeldes, der Offenheit und Zusammenarbeit zwischen Eltern und Erzieher(innen) und den finanziellen Mitteln abhängig, inwieweit Ansätze der Reggio-Pädagogik übernommen werden können.

5. Meine Ansichten über ein optimale Ausrichtung hinsichtlich der frühkindlichen Förderung der Selbst – und Sinneswahrnehmung in Kindertagesstätten

Während der Zeit, in der ich diese Arbeit schrieb, besuchte ich mit meiner Tochter im Rahmen der Eingewöhnung für drei Tage eine

---

[133] Krieg, S.211, zit. nach Feuersenger, in: Göhlich(Hrsg.), 1997.
[134] Vgl. Krieg, S.211, zit. nach Feuersenger, in: Göhlich (Hrsg.), 1997.
[135] Krieg, S.211, zit. nach Feuersenger, in: Göhlich(Hrsg.), 1997.
[136] Vgl. Krieg, S.211, in: Göhlich, (Hrsg.), 1997.

Kindertagesstätte. Ich beobachtete täglich, wie die Integrität der Kinder größtenteils übersehen oder durch Fremdbestimmungen der Erzieherinnen angegriffen wurde.

Rückblickend lässt sich sagen, dass in dieser Einrichtung die Persönlichkeit der Kinder nur oberflächlich akzeptiert wurde.

Sie hatten sich dem Willen der Erzieherinnen zu beugen und wurden getadelt oder korrigiert, wenn sie sich für ihre Bedürfnisse einsetzten oder kompetenterweise eine ihnen wohlgefällige Beschäftigung suchten. Den Kindern wurde nichts zugetraut und es kam des Öfteren zu Schuldzuweisungen.

Ein Beispiel: Der (einzige) Aufenthaltsraum der besagten Einrichtung verfügt über eine große Fensterfront mit breiten Fensterbänken in etwa einen Meter Höhe. Die Kinder stehen hier oft, um ihren Eltern zum Abschied zu winken. An den Fenstern sind Gardinenstangen befestigt und über eine Holzbank können die ältesten Kinder auf die Fensterbank klettern.

Zwei der älteren Kinder haben dies gemacht und haben versehentlich dabei eine der Gardinenstange herunter gerissen. Eine Betreuerin tadelte daraufhin die Kinder und beschuldigte sie, die Gardinenstange nun kaputt gemacht zu haben. Sie forderte dann die Kinder auf, die Fensterbank zu verlassen, damit sie nicht noch mehr „anstellen" konnten. Dies alles geschah in einem Tonfall und mit einer Mimik und Gestik, die für mich einschüchternd auf die Kinder wirkte und sie als „Trottel" herabwürdigte.

Die Gardinenstange war letztlich einfach in die Halterung zu legen und der „Schaden" war repariert. Dass die Kinder in ihrer Integrität verletzt wurden und ihnen damit ein sehr viel erheblicherer Schaden zugefügt wurde, bleibt zu vermuten.

An einem anderen, regnerischen Tag saßen die Erzieherinnen mit den Kleinsten auf dem Teppich, der sich mitten im Raum befand. Aufgrund des Regens musste das Freispiel im Freien ausfallen.

Die Kinder waren nun in dem einzigen Raum sich selbst überlassen.
Es gab keine anregenden Spiele oder Lieder seitens der
Erzieherinnen.

Die beiden Kinder, die ich schon im ersten Beispiel erwähnt hatte,
versuchten der Langeweile zu trotzen und suchten sich
kompetenterweise eine Beschäftigung.

Sie machten „Musik", indem sie mit dem vorhandenen Spielgeschirr
aus Plastik auf den Spieltisch schlugen. Dies war einer Betreuerin zu
laut. Sie schimpfte über den Krach und nahm den Kindern das
Material weg. Währenddessen tadelte sie die kompetenten Kinder für
ihr „fehlerhaftes" Betragen.

Diese Beispiele machen deutlich, wie die Persönlichkeit der Kinder
im „Sumpf der alten Erziehungsmethoden" versinkt. Die
Erzieherinnen waren alles andere als bösartig, aber ihr Ziel des
pädagogischen Prozesses war, die Kinder zum Gehorsam zu
erziehen, ihnen „schlechtes" Benehmen auszutreiben und die
Autorität der Betreuer anzuerkennen und zu würdigen. Die Methoden
und das Ziel an sich bleiben meiner Meinung nach fragwürdig.

Auch Jesper Juul, ein dänischer Pädagoge sowie Gruppen- und
Familientherapeut, kritisiert dieses Vorgehen.

„Kinder brauchen eine Führung, aber nicht die, die wir ihnen bislang
angeboten haben. Sie brauchen eine kontinuierliche Begleitung und
keine militärische Oberaufsicht." [137]

In der heutigen Kindererziehung steht noch oft in großem Umfang
das Äußere an erster Stelle. Es ist wichtig, dass Kinder einen „guten
Eindruck" machen oder wie sie sich anständig zu benehmen haben.

Das Ziel ist die Anpassung und Eltern und Erzieher werden nicht
müde, die Kinder zu ermahnen sich ordentlich zu benehmen. Kinder
sollen eben nicht sie selbst sein, sondern sich wie Schauspieler
aufführen und dabei noch den richtigen Text wiedergeben.[138]

---

[137] Juul/ Szöllösi (Hrsg.), 2008, S.29.
[138] Vgl. Juul, 2008, S.31.

Juul betont in Bezug auf die gesellschaftlichen Werte und deren Umgang mit Kindern: *„In der Interaktion zwischen Erwachsenen und Kindern kann das, was allgemein als moralisch gut akzeptiert ist, sehr wohl ethisch ungünstig sein."* [139]

Da es in den drei Tagen der Eingewöhnungszeit noch zu mehreren Vorfällen kam, bei denen die Persönlichkeitsrechte des Kindes übersehen wurden, suchte ich das Gespräch mit einer Erzieherin und beschloss meine Tochter nicht in diese Betreuungseinrichtung zu geben.

Bei dem Gespräch schilderte ich der Erzieherin meine Beobachtungen und wie sich herausstellte, war auch sie seit langem unglücklich mit der Situation und dem Umgang mit den Kindern. Aufgrund diverser Schwierigkeiten, unter anderem die Räumlichkeiten der Kindertagesstätte (bestehend aus einem ca. 30 qm kleinen Raum mit Spiel-, Ess- und Schlafmöglichkeit für zehn bis fünfzehn Kinder, einer kleinen Küche und einem Wickelraum mit Toilette), fehlte es den Erzieherinnen an Energie und Motivation.

Kurze Zeit später stellte sich heraus, dass eine Erzieherin gekündigt hatte und die andere Erzieherin aufgrund meiner Beobachtungen mit der Leitung sprach, um Veränderungen herbei zu führen. Die Leitung sperrte sich dagegen. Unlängst habe ich erfahren, dass auch diese Erzieherin im November eine neue Stelle antritt.

Es müssen also bei einem Konzept für den Aufbau einer Kindertagesstätte, neben den Überlegungen hinsichtlich der Sinnes- und Selbstwahrnehmung, ebenso Maßnahmen ergriffen worden, damit den Erzieherinnen genügend Freiraum zur Erholung bleibt. So können sie motiviert mit den ihnen anvertrauten Kindern arbeiten und auf diese Weise die Wahrung der Persönlichkeitsrechte der Kinder garantieren.

Im Folgenden möchte ich beschreiben, wie ich mir die pädagogische Ausrichtung einer Kindertagesstätte vorstelle, in der ich meine Tochter ohne Bedenken zur Betreuung geben würde. Ich werde

---

[139] Juul, 2008, S.75.

dieses zum einen aus meiner Sicht der optimalen Förderung zur Selbstwahrnehmung mit Bezug auf Jesper Juul wiedergeben. Zum Anderen werde ich meine Vorstellungen einer optimalen Raumaufteilung mit diversen Elementen zur Förderung der Sinneswahrnehmung beschreiben.

5.1 Erziehungskultur im Sinne von Jesper Juul – Förderung der Selbstwahrnehmung

Immer wieder habe ich beobachtet, dass Kinder in ihrem Spieltrieb unterbrochen werden, weil es nicht in die „Erwachsenenwelt" passt. In manchen Fällen werden sie zusätzlich ermahnt, kritisiert oder in ihrer Aktivität korrigiert. Sie dürfen sich nicht „selbstbestimmt" verhalten, sondern müssen sich in ihrem Da-Sein nach „fremdbestimmten" Vorstellungen richten.

Kinder reagieren darauf entweder trotzig, um ihre Autonomie zu wahren oder aber sie passen sich an, geben so ein Stück ihrer Integrität und Persönlichkeit auf und geraten in Selbstzweifel über ihre Person. Folglich verlieren sie das Gefühl für ihre eigenen Bedürfnisse und Wünsche und erliegen einer Selbsttäuschung. Diese kann sich darin äußern, dass die betroffenen Kinder mit der Vorstellung leben, es jedem „Recht" machen zu müssen, um akzeptiert zu werden. [140] Solche Kinder sind „artige" Kinder in den meisten Augen der Gesellschaft. Diese unbewusste Fremdbestimmung kommt in vielen Familien und auch in Betreuungseinrichtungen vor und resultiert aus einem „pädagogischen Missverständnis."

Juul vertritt den Standpunkt, dass es bei den pädagogischen Zielen darum geht *„zu helfen, zu führen, das Kind zu einem Stadium zu begleiten, das es noch nicht erreicht hat. Diese Ziele sind vollkommen legitim ausgehend von den Wünschen und Bedürfnissen der Gesellschaft und dem Bedürfnis der Kinder, in ihrer sozialen,*

---

[140] Siehe dazu auch 2.2 Selbstwahrnehmung, S.7.

motorischen und intellektuellen Entwicklung inspiriert, stimuliert und geforderf zu werden.[141]

Zu dem „pädagogischen Missverständnis" kommt es Juul zufolge aufgrund der Dominanz der „Erziehenden":

„Das Problem entsteht, wenn die Verantwortlichkeit der Erwachsenen für das Ziel den Kontakt in einem Umfang dominiert, der das gesunde Selbstwertgefühl der Kinder daran hindert, sich optimal zu entwickeln und häufig das Bisschen[!] Selbstwertgefühl zerstört, das schwache und bedrohte Kinder von ihrer Familie mitbekommen. In beiden Fällen unterminiert der Charakter des pädagogischen Prozesses die pädagogischen Ziele."[142]

Nach Auffassung von Juul gibt es dafür zwei Hauptursachen. Kinder sind nur begrenzt fähig, *„in ihrer Wahrnehmung zwischen dem Feedback zu unterscheiden, dass sie für ihr Handeln und ihre Leistungen bekommen, und dem Feedback, dass sie aufgrund ihrer Person erhalten."*[143]

Ein wertendes oder moralisierendes Feedback, welches von „Erziehenden" aufgrund einer Handlung oder Leistung des Kindes abgegeben wird, kann das Kind in Zweifel über seinen Wert als Menschen geraten lassen.[144]

„Das Ergebnis ist ein aufgezwungenes Selbstbild und ein stagnierendes oder negatives Selbstwertgefühl."[145]

Der zweite Grund liegt in der Natur des Menschen. Eine qualitative Entwicklung seines Seins kann sich nur dann vollziehen, wenn der Mensch sich selbst akzeptiert.

Menschen sind weder richtig noch falsch, sie sind eben das was sie sind. Sie können sich nicht auf der Grundlage eines negativen Selbstbildes entwickeln oder verändern.

---

[141] Juul/Jensen, 2005, S.300f.
[142] Juul/Jensen, 2005, S.301.
[143] Juul/Jensen, 2005, S.301.
[144] Vgl. Juul/Jensen, 2005, S.301.
[145] Juul/Jensen, 2005, S.301.

Der pädagogische Prozess sendet dem Kind oftmals die Botschaft, dass der Erziehende eher daran interessiert ist, wie es in der Zukunft werden wird, als daran, wer es im Moment ist.[146]

Welche Merkmale sollten demzufolge bei einem Konzept einer Kindertagesstätte hinsichtlich der Selbstwahrnehmung beachtet werden?

5.1.1 Die persönliche Verantwortung

„In den Familien haben wir eine alte Tradition, der wir nicht so leicht entkommen können, nämlich dass Eltern die persönliche Verantwortung für ihre Kinder tragen, selbst wenn sie mit dieser „guten" Absicht die Kinder komplett übergehen. ... wenn du deine Verantwortung an jemand anderen abgibst, gehst du verloren- auch als Kind."[147]

Juul ist der Auffassung, dass Kinder und Eltern – alle Menschen - gleichermaßen, lernen müssen, für sich die persönliche Verantwortung zu tragen. Damit ist nicht nur gemeint, dass man sich vor physischen Schäden schützt, indem man umsichtig handelt.

„Die persönliche Verantwortung ist ... unsere physische, psychische, geistige und spirituelle Gesundheit und Entwicklung. Es ist die Verantwortung, zu der die wenigsten von uns erzogen worden sind, aber sie ist die kraftvollste und potenteste ... ."[148]

Basierend auf Juuls Aussagen wurde in der traditionellen Erziehung die Gewichtung auf die soziale Verantwortung gelegt. Das ist die Verantwortung, die wir füreinander in der Familie beziehungsweise in der Gesellschaft haben. Die Erziehung zur sozialen Verantwortung gelingt oft, der Preis dafür ist aber das Fehlen der persönlichen Verantwortung. Kinder, die mit dem Hauptgewicht auf ihrer angeborenen, in der Entwicklung befindlichen, persönlichen

---

[146] Vgl. Juul/Jensen, 2005, S.301.
[147] Juul/ Szöllösi (Hrsg.), 2008, S.32.
[148] Juul, 2008, S.137.

Verantwortung erzogen werden, entwickeln im gleichen Prozess eine soziale Verantwortung.[149]

„Dies ist nun die komplette Unterminierung eines der .. Mythen in öffentlicher und privater Erziehung, die immer unterstrichen hat, die ‚egozentrische Natur' der Kinder müsse mit Rücksicht auf die Gemeinschaft niedergehalten werden." [150]

Kinder sollten die Möglichkeit erhalten, für den Bereich ihrer *„physischen, emotionalen und intellektuellen Existenz die Verantwortung zu übernehmen"*.[151]

Welche Bereiche sind damit gemeint?

Von Beginn an können Kinder für sich entscheiden, was ihnen gut schmeckt oder nicht. Im Bereich der Sinne können nur sie wahrnehmen, was sie auf sinnliche Weise aufnehmen. Ein Kind kann frieren, der Erwachsene schwitzt und die Empfindung des Kindes wird als „Einbildung" abgetan. Das Essen schmeckt dem Kind nicht, ein Anderer findet es lecker.

Das Kind kann Freude empfinden beim Anblick einer Nacktschnecke, der Erwachsene findet es eklig. Das Kind kann Schmerz empfinden, der Erwachsene sieht nicht einmal eine Beule und tröstet das Kind mit den Worten „ist doch nicht so schlimm". Aber für das Kind ist es in dem Moment schlimm. Gefühle fühlt nur das Kind allein, Erwachsene können versuchen sich hinein zu fühlen, werden aber niemals die gleiche Empfindung spüren.

Das Kind ist hungrig, obwohl es vor einer Stunde erst gegessen hat. Der Erwachsene bringt das Kind zur „Schlafenszeit" ins Bett, obwohl es betont, noch nicht müde zu sein. Auch die Bedürfnisse sollte ein Kind für sich bestimmen dürfen.

Die persönliche Verantwortung sollte auch bei Freizeitinteressen, Bildung, Kleidung und Aussehen sowie religiösen Fragen in der Hand des Kindes liegen und nicht von anderen dominiert werden. Bei

---

[149] Vgl. Juul, 2008, S.137f.
[150] Juul, 2008, S.138.
[151] Juul, 2008, S.150.

stetiger Dominanz des Fremdeinflusses in Bezug auf die eigenen Bedürfnisse, verlernt das Kind auf seine Selbstwahrnehmung zu vertrauen.

Um ein hohes Maß an persönlicher Verantwortung zu entwickeln, muss man lernen sich selbst und das Kind ernst zu nehmen.[152] Wie lässt sich dieses auf die Ausrichtung einer Kindertagesstätte projizieren?

Zum Einen müssen die Betreuerinnen der Einrichtung über ein hohes Maß an persönlicher Verantwortung verfügen, um als Vorbild dienen zu können. Sie müssen den Kindern vermitteln können, dass es Grenzen in Bezug auf deren eigenen Bedürfnisse gibt. Wenn eine Betreuerin beispielsweise mit Schreibarbeiten beschäftigt ist oder sich nur mal kurz eine „Auszeit" gönnt, müssen die Kinder dieses akzeptieren. Die Betreuerin kann bei Störung durch ein Kind die persönliche Sprache[153] benutzen, um den Kind zu vermitteln, dass sein Bedürfnis des Kontakts wichtig ist, sie aber momentan nicht darauf eingehen kann oder will.[154]

Zum Anderen ist es wichtig, die Bedürfnisse der Kinder, die Gefühle und die Empfindungen bezüglich der sinnlichen Wahrnehmung zu respektieren und nicht „herunterzuspielen". Das bedeutet aber auch, dass die Betreuerinnen sehen und hören müssen, *„wann die Eigenverantwortlichkeit des Kindes zum Ausdruck kommt, und sie anerkennen und in dem Umfang einbeziehen, der möglich ist ... ."*[155] Ein Beispiel: Ein Kind (A) spielt im Sandkasten mit einem Auto, ein anderes (B) kommt und nimmt es ihm weg. A wird wütend darüber und schubst B in den Sand. B fängt an zu weinen, A nimmt sich das Auto wieder und spielt weiter. Eine Betreuerin kommt um zu intervenieren.

In diesem Beispiel hat Kind A persönliche Verantwortung für sein Bedürfnis, mit dem Auto weiter spielen zu können, übernommen.

---

[152] Vgl. Juul, 2008, S.150f.
[153] Siehe hierzu auch 5.1.2 Die persönliche Sprache, S.69f.
[154] Vgl. Juul/ Jensen, 2005, S.298.
[155] Juul/Jensen, 2005, S. 94.

Dies geschah im Rahmen seiner begrenzten Möglichkeiten, indem er das Kind B schubste. B hat die Grenze von A kennen und für sich gelernt, dass man nicht einfach alles nehmen kann. Er bringt durch Weinen seinen Schmerz oder Schrecken zum Ausdruck und übernimmt die persönliche Verantwortung für sein Gefühl.

Um die Integrität der Kinder zu wahren, sollte die Betreuerin bei ihrer Intervention die Bedürfnisse ernst nehmen und Kind A/B nicht zu einer Entschuldigung nötigen. Dieses führt entweder zu einem trotzigen Verhalten oder zu einer Kooperation des Kindes A/B, welches aufgrund seines „falschen" und zu entschuldigenden Verhaltens in Selbstzweifel gerät.

Vielmehr ist es Aufgabe der Betreuerin die Aktion des Kindes B sowie des Kindes A zu hinterfragen und mit dem Kind A/B eine Lösung zu erarbeiten, bei der die persönliche Verantwortung und die Wahrung der Integrität des Kindes berücksichtigt wird.

Es bleibt dem Kind überlassen, über sein Handeln nachzudenken und sich gegebenenfalls zu entschuldigen, natürlich in dem Umfang, wie es seine Entwicklung zulässt.[156]

Dagegen kann es bei einem erzieherischen Prozess mit dem Augenmerk auf die soziale Verantwortlichkeit im weiteren Verlauf des Beispiels dazu kommen, dass die Betreuerin das Kind A/B in Bezug auf dessen „falsches" Verhalten ermahnt. Kind A/B oder beide werden dazu angehalten, sich für ihr Verhalten zu entschuldigen und wieder zu vertragen. Vielleicht wird auch vorgeschlagen, sich das Auto zu teilen oder dem Kind A/B wird eine andere Spielmöglichkeit bereit gestellt.

„Viele Eltern sind sehr darauf bedacht, Konflikte und Auseinandersetzungen zwischen den Kindern zu unterbinden, auch im Kindergarten werden oft Regeln aufgestellt, die es den Kindern verbieten sollen, sich zu balgen oder zu streiten. ... es ist keine gute Idee, Aggressionen zu unterbinden ... . Du versuchst ein Symptom loszuwerden, statt zu fragen, was sich dahinter verbirgt. Die meisten

---

[156] Vgl. zu diesem Abschnitt Juul/ Jensen, 2005, S.291ff.

Kinder ... sind tatsächlich fähig, ihre Konflikte selbstständig zu
bewältigen, sie brauchen die Supervision der Erwachsenen ..
nicht."[157]

Natürlich muss man eingreifen, wenn das physische Wohl gefährdet
ist. Man muss Kindern aber auch Raum geben, damit sie ihre
Konflikte selbst austragen können. Wenn man Kindern verbietet
aggressiv zu sein, werden sie eine Zeitlang kooperieren, um
schließlich doch zu „explodieren".[158]

Ich habe dieses Beispiel gewählt, um darzustellen, dass Kinder
weitestgehend für sich Verantwortung übernehmen (müssen), sei es
bei einem Konflikt, bei der Auswahl der Spielgefährten oder bei
anderen alltäglichen Bedürfnissen des Lebens. Sie müssen dabei
begleitet und angeleitet werden, jedoch ohne einer
Fremdbestimmung durch Autoritätspersonen ausgesetzt zu sein.

5.1.2 Die persönliche Sprache

Die persönliche Sprache vermittelt *„persönliche Gedanken, Werte*
und Gefühle des individuellen Menschen in einem gesammelten
Ausdruck, der nach größtmöglicher Übereinstimmung zwischen dem
inneren Empfinden und dem äußeren Ausdruck strebt, ... Die
persönliche Sprache ist somit der zu jeder Zeit authentischste
Ausdruck der Integrität des Individuums."[159]

Nach Auffassung von Juul ist die persönliche Sprache unsere
angeborene Sprache, mit der wir uns ausdrücken, im Gegensatz zur
sozialen Sprache, die wir von unseren Eltern lernten um „anständig"
und „nett" zu sprechen.

Die persönliche Sprache äußert sich mit den Worten:

---

[157] Juul/ Szöllösi (Hrsg.), 2008, S.128f.
[158] Vgl. Juul/ Szöllösi (Hrsg.), 2008, S.130f; siehe hierzu auch 5.1.4 Integrität und Kooperation, S.
[159] Juul/ Jensen, 2005, S.269.

Ich will (nicht); Ich mag (nicht); Ich will (nicht) haben; Ich glaube, denke, finde, erlebe (nicht). Sie ist nicht wertend oder moralisierend, sondern präzise in ihren Aussagen. [160]

Sie macht *„den Sprechenden im Kontakt anwesend und deutlich. Sie steigert das Selbstwertgefühl des Sprechenden. Sie inspiriert die andere Seite zur persönlichen Anerkennung und Reaktion und steigert somit deren Selbstwertgefühl. Sie verletzt nie die Gefühle des anderen oder wertet seine Wünsche und Bedürfnisse."*[161]

Die Deutlichkeit der persönlichen Sprache erfolgt durch die Benutzung des Personalpronomens „Ich". Die Verwendung des Wortes „Ich" muss der Selbstwahrnehmung entspringen, um wirklich persönlich zu sein.[162]

„Die persönliche Sprache ist ... nicht immer unmittelbar ein Vergnügen. Manchmal sind Gedanke und Wahrnehmung klar und deutlich, aber es fehlen einem die Worte. ... Erwachsenen wie Kinder müssen nach Worten suchen und mit Worten experimentieren, ... Damit erhält die persönliche Sprache auch eine Erkenntnisdimension, die das Selbstbild erweitert und .. das Selbstwertgefühl stärkt."[163]

In einer Kindertagesstätte müssen die Betreuerinnen die persönliche Sprache untereinander und mit den Kindern praktizieren.

Im Beispiel der Kinder A und B[164] kann die Betreuerin den Kindern mithilfe der persönlichen Sprache Wertschätzung entgegen bringen. Sie kann beispielsweise sagen: „Ich sehe, dass du wütend bist, Kind A. Das kann ich verstehen. Ich mag auch nicht, wenn mir etwas weg genommen wird. Kannst du dir vorstellen, warum B weint?" und zu B: „Ich sehe, dass du traurig bist. Wie kann ich dir helfen?" Es kommt nicht darauf an, ob die Kinder antworten oder ob ihre Antwort „richtig"

---

[160] Vgl. Juul/Jensen, 2005, S.267f, S.273; vgl. Juul, 2008, S.158.
[161] Juul/ Jensen, 2005, S.270.
[162] Vgl. Juul/ Jensen, 2005, S.273f.
[163] Juul/ Jensen, 2005, S.275.
[164] Siehe hierzu auch 5.1.1 Die persönliche Verantwortung, S.66.

oder „falsch" ist. Die Kinder erfahren auf diese Weise, dass sie gesehen und anerkannt worden sind.[165]

In einer Intervention mithilfe der sozialen Sprache hätte die Betreuerin vermutlich folgendes gesagt: „ Kind A, du darfst B nicht schubsen. " Und zu B: „ Kind B, man darf anderen Kindern nicht einfach das Spielzeug wegnehmen." Vielleicht fügt sie noch, in ihrem Versuch zu trösten, hinzu: „ Jetzt hör bitte auf zu weinen. Das war doch nur ein kleiner Schubs. Frag doch A, ob es dich mitspielen lässt."

Der Unterschied zwischen der persönlichen und sozialen Sprache liegt in der Aussage, die sich in ihnen versteckt. Während die persönliche Sprache das Kind „sieht", lenkt die soziale Sprache ihr Augenmerk auf den Umgang miteinander und trägt in sich den Vorwurf des schlechten Betragens. Die Individualität, die Bedürfnisse und Gefühle der Kinder A und B rücken in den Hintergrund.

5.1.3 Anerkennung

„Anerkennung ist eine Voraussetzung für die gegenseitige Entwicklung von Selbstwertgefühl, persönlicher Verantwortung und der Qualität der Führung durch die Erwachsenen."[166]

Hierbei ist zu unterscheiden zwischen der „lobenden" Anerkennung und der Bedeutung, die Juul diesem Wort beimisst. Seine *„Definition des Begriffs ... kommt dem Wort Bestätigung näher."*[167]

In den dreißiger Jahren interessierten sich Pädagogen und Psychologen gleichermaßen für Kinder, denen es an Selbstvertrauen fehlte. Nach Untersuchungen kamen sie zu dem Schluss, dass die Ursache in der permanenten Kritik und Korrektur der Erwachsenen lag. In der heutigen Zeit weiß man, dass diese Schlussfolgerung

---

[165] Vgl. Juul/ Jensen, 2005, S.295.
[166] Juul/ Jensen, 2005, S.291.
[167] Juul/ Jensen, 2005, S.289.

unvollständig war. Zusätzlich zu dem fehlenden Selbstvertrauen, mangelt es diesen Kindern an einem geringen Selbstgefühl.

Dieses kann sowohl von Kritik, als auch von Lob in Form der wertenden Kommunikation zerstört werden.[168]

Juul beschreibt ein Beispiel, welches sich auf den Alltag in einer Kindertagesstätte übertragen lässt.

Ein Kind malt ein Bild für seine Betreuerin. Er schenkt es ihr mit den Worten: „Hier, das ist für dich." Die Betreuerin nimmt das Bild und sagt: „Danke, das ist ja ein schönes Bild." Die Betreuerin benutzt die wertende Kommunikation, da sie gelernt hat, dass man so mit Kindern spricht, wenn ihnen Selbstvertrauen vermittelt werden soll. Das Kind wollte aber das Bild nicht bewertet bekommen.[169] Es schenkt der Betreuerin *„in einem unmittelbaren, persönlichen Ausdruck sein augenblickliches Sein, und .. [es] erhält dafür eine Bewertung zurück."[170]*

Es spielt keine Rolle, ob es eine positive oder negative Bewertung bekommt. Das Kind kooperiert mit der Betreuerin und im Verlauf der Zeit wird er der Betreuerin nicht mehr Bilder mit den Worten „das ist für dich" schenken, sondern er hat die „Spielregeln" gelernt und wird sein Geschenk mit den Worten „Schau, ist das nicht schön?" überbringen.[171]

„Seine Lebensperspektive hat sich geändert von Sein zu Können, von Existenz zu Leistung."[172]

Das bedeutet nicht, dass man Kinder nie loben sollte. Es kommt darauf an, ob sich das Lob in einer wertenden oder anerkennenden Kommunikation versteckt und wie häufig das Kind einer positiven oder negativen Bewertung ausgesetzt ist

Eine anerkennende Kommunikation kann im oben genannten Beispiel so lauten: „Vielen Dank (Name des Kindes), ich freue mich

---

[168] Vgl. Juul, 2008, S.106f.
[169] Vgl. Juul, 2008, S.107f.
[170] Juul, 2008, S.108.
[171] Vgl. Juul, 2008, S.108f.
[172] Juul, 2008, S.109.

sehr über dein Bild. Kannst du mir mal zeigen, was du alles gemalt hast?" In diesem Fall nimmt die Betreuerin das Kind anerkennend wahr, anstatt es zu bewerten.

„Das, was in der Persönlichkeitsentwicklung der Kinder auf lange Sicht passiert, ist das Gefährliche daran, seine Kinder mit Hilfe von Lob und Tadel zu .. [erziehen]. Auf diese Weise erziehen wir .. unselbständige, fremdbestimmte Persönlichkeiten." [173]

Die Betreuerinnen in Kindertagesstätten sollten sich demzufolge mit Lob und Tadel zurückhalten und vielmehr das Kind in seinem Da-Sein wahrnehmen und bestätigen.

5.1.4 Integrität und Kooperation

Basierend auf den Ausführungen von Juul und Jensen wird unter dem Begriff Integrität allgemein *„ein Gefühl von Ganzheit und Verbindung zwischen innerer und äußerer Verantwortlichkeit"* [174] des einzelnen Menschen verstanden.

Das Wort Integrität stammt aus dem Lateinischen (Integritas) und bedeutet „Unversehrtheit". [175]

Kooperation bedeutet für Juul im Zusammenhang mit seinen Ausführungen, *„daß [sic!] Kinder die Erwachsenen ihrer Umgebung, die für sie von Bedeutung sind, kopieren oder nachahmen."* [176]

Kinder sind täglich dem Konflikt zwischen der Wahrung ihrer Integrität und dem Kooperieren mit dem erwachsenen Willen ausgesetzt. In vielen Fällen wählen sie die Zusammenarbeit und wir als Erwachsene schenken dem kooperativen Verhalten kaum Beachtung oder deuten es falsch.

Wir achten erst darauf, wenn Kinder die Zusammenarbeit verweigern und sie sich „schlecht" benehmen oder gar „asozial" verhalten. [177]

---

[173] Juul, 2008, S.109.
[174] Juul/ Jensen, 2005, S.42.
[175] Vgl. Juul/ Jensen, 2005, S.42.
[176] Juul, 2008, S.45.
[177] Vgl. Juul, 2008, S.44f.

„Wenn Kinder aufhören zu kooperieren, geschieht das entweder, weil sie zu lange zu viel kooperiert haben oder weil ihre Integrität lädiert wurde. Es geschieht niemals weil sie nicht zusammenarbeiten wollen."[178]

Das „ungehorsame" Kind versucht sich selbst intakt zu halten. Es ist *„der erste Schritt des Kindes auf dem Weg zu Integrität/ innerer Verantwortlichkeit. Wir müssen deshalb aufhören, die Ungehorsamen zurück ins Glied zu rufen, und sie stattdessen an die Hand nehmen auf dem Weg zu sich selbst, über dessen Beschaffenheit und genaueres Ziel sie sich alles andere als im Klaren sind."[179]*

Auf diesem Weg benötigen Kinder eine kontinuierliche Begleitung, die sich dem Willen der Kinder zur Kooperation bewusst ist und sich für die Wahrung der kindlichen Integrität einsetzt.

Im Kontext einer Kindertagesstätte habe ich den Willen der Kinder zur Kooperation bereits beschrieben. (Ihre Kooperation lag in der kompetenten Art sich eine Beschäftigung zu suchen, damit die Erzieherinnen nicht gestört wurden.)[180]

Wie sollte sich eine Betreuerin verhalten, die sich mit dem „Unwillen" eines Kindes auseinander setzen muss?

Ein Beispiel: Ein Kind von drei Jahren beißt seine Spielkameraden, wenn er frustriert ist oder seinen Willen nicht bekommt.

Die Betreuerin versucht herauszufinden, worin die Ursache für sein Verhalten liegt. Nachdem sie keine Ursache in Bezug auf das Umfeld der Kindertagesstätte findet, bittet sie die Eltern zu einem Gespräch. Dies ist die einzige Möglichkeit, die sich der Betreuerin bietet! Wenn eine Ursache für ein aggressives oder „asoziales" Verhalten den Betreuern verborgen bleibt, müssen die Eltern zu Rate gezogen werden, da die Ursache im familiären Umfeld liegen kann.

---

[178] Juul/ Jensen, 2005, S.43.
[179] Juul/ Jensen, 2005, S.50.
[180] Siehe hierzu auch 5. Meine Ansichten über ein optimale Ausrichtung ..., S.60.

In dem Fallbeispiel beschreibt Juul weiter, dass sich im Gespräch herausstellt, dass der Vater sein Kind führte, indem er erst ruhig und flexibel mit ihm sprach, dann aber plötzlich die Stimme erhob und dem Kind Befehle erteilte. Das Kind kooperierte mit dem Vater in dem Moment, indem es die Instruktionen erhielt. Die Integrität des Kindes aber wurde dabei in Mitleidenschaft gezogen, so dass es im Umfeld der Kindertagesstätte diese umso mehr verteidigte. Dies geschah durch das nachahmende Verhalten seines Vaters. Wenn das Kind etwas haben wollte, versuchte es, mit einer kurzen verbalen Handlung zu seinem Ziel zu kommen. Misslang ihm das jedoch, so fing es an zu beißen. Sein Wille zur Kooperation weichte dem Kampf für seine Integrität. Dieser Unwille vollzog sich zuerst im Umfeld der Kindertagesstätte und hätte sich vermutlich zu einem späteren Zeitpunkt auch im familiären Umfeld gezeigt.[181]

Dieses Beispiel enthüllt, dass das „asoziale" Verhalten eines Kindes vielmehr ein sozialer Akt ist. Das Kind zeigt auf kooperative Weise, dass seine Integrität in Gefahr ist, dass es eine Disharmonie in seinem Umfeld gibt, mit der es nicht leben kann.

Eine Betreuerin muss aufmerksam in ihrer Beobachtung und Begleitung von Kindern sein. Sie muss die Eltern mit einbeziehen, wenn Fragen offen bleiben.

Diese Aufmerksamkeit erstreckt sich nicht nur auf „normale" oder „auffällige" Kinder, die Betreuerin muss ihr Augenmerk auch auf die „unsichtbaren" Kinder lenken und versuchen, sie zu „sehen". Es ist wichtig, diesen Kindern Anerkennung im Sinne von Juul zu vermitteln, damit sie sich, ihre Persönlichkeit, zeigen. Unsichtbare Kinder kooperieren oft auf destruktive Weise mit ihren Familien, weil die Eltern beispielsweise aktiv versuchen, dass Kind nach ihrem Bild zu formen. Ein Kind kann aber auch in problematischen Familienverhältnissen zu dem Schluss kommen, dass für ihn kein

---

[181] Vgl. Juul, 2008, S.89f.

Platz vorhanden ist und so kooperiert es, indem es den Eltern nicht zusätzlich zur Last fällt.[182]

Ich sehe die Aufgabe der Betreuerin darin, die Eltern in einem Gespräch mit den Beobachtungen in Bezug auf das Kind zu konfrontieren. Dies muss auf respektvolle Weise geschehen, um den Weg für mögliche Lösungen zu ebnen.

Nur in Zusammenarbeit der Betreuer, der Eltern und mit dem Kind kann die Integrität des Kindes geschützt und dessen Selbstwahrnehmung gefördert werden.

5.1.5 Erziehungskultur im Sinne von Jesper Juul - Zusammenfassung

Zusammenfassend lässt sich sagen, dass Juul mit der von ihm beschriebenen Erziehungskultur der Gesellschaft ein „Geschenk" gemacht hat. Es liegt an der Gesellschaft, dieses Geschenk anzunehmen.

Seine Botschaft an die Menschen lautet:

Seht das Kind wie es ist! Es will und muss nicht ständig bewertet, egal ob gelobt und gemaßregelt, werden!

Seht das Kind und seine Bedürfnisse! Nehmt sie ernst, auch wenn ihr etwas anderes empfindet. Kein Mensch ist gleich, kein Mensch empfindet gleich.

Seht die Grenzen des Kindes!

Seht euch selbst! Setzt Grenzen, die *euren* Bereich und nicht den des Kindes (oder anderer Menschen) abstecken. Kein Mensch darf einem anderen vorschreiben, wo dessen Grenzen beginnen oder aufhören.

Das Kind lernt durch euer Vorbild seine und eure Grenzen und die Grenzen anderer zu respektieren.

Sprecht aus, was ihr wirklich wollt und versteckt eure Wünsche nicht hinter wohlerzogenen Formulierungen, die euer Gegenüber erst

---

[182] Vgl. Juul, 2008, S.122f.

entschlüsseln muss. Kinder entschlüsseln meistens zu ihren Ungunsten.

Fehler sind normal und menschlich. Wenn ihr welche macht, lernt daraus und macht es dann besser.

5.2 Material und Räumlichkeiten – Förderung der Sinneswahrnehmung

Um die Sinneswahrnehmung in Kindertagesstätten zu fördern benötigen Kinder *„eine anregungsreiche Umgebung, die ihre Tätigkeiten und ihre Auseinandersetzung mit der Umwelt ebenso herausfordert wie unterstützt."*[183]

Daher muss nach meiner Ansicht bei der Ausrichtung einer Kindertagesstätte überlegt werden, wie die Räumlichkeiten gestaltet werden sollen und welches Material den Kindern zur Verfügung gestellt wird.

Die Raumbereiche sollen der individuellen sowie der gemeinsamen Nutzung dienen und lebendig gestaltet sein.

Das Material soll die Kinder zum Forschen, Entdecken und Experimentieren anregen.

Ich beziehe mich in meinen Ausführungen auf Hermann und Wunschel, die einen „Erfahrungsraum" beschreiben, der auf reggianischen Ansätzen basiert und mit meinen Ansichten, in Bezug auf eine optimale Ausrichtung hinsichtlich der Förderung der Sinneswahrnehmung, übereinstimmt.

5.2.1 Die Orientierung im Raum

Die Räume in einer Kindertagesstätte müssen so ausgerichtet sein, dass alle Kinder die Möglichkeit zum selbständigen Handeln haben.

---

[183] Hermann/Wunschel, 2002, S.12.

Das bedeutet, dass vorhandene Türen offen stehen sollten, damit sich die Kinder sicher und allein bewegen können, besser noch sind offene, abgegrenzte Räume. Dinge, die sie brauchen müssen für die Kinder erreichbar sein. Es muss ihnen die Möglichkeit gegeben werden, sich aus der Gruppe zurückziehen zu können, wenn es ihnen zu anstrengend wird. Die Kinder müssen sich jederzeit orientieren können, das bedeutet Räume, Objekte und Situationen zu erfassen und zu begreifen. Orientierung bedeutet aber auch seine Identität zu finden und diese zu entfalten.[184]

„Die Anregung und Förderung aller Wahrnehmungsfunktionen von Geburt an sind Voraussetzungen für das Orientierungsvermögen der Kinder."[185]

Kinder müssen sich immer wieder neu orientieren. Auch im späteren Leben werden sie gewohntes Terrain verlassen, um neue Wege zu begehen. Je sicherer sich Kinder im Umgang mit neuen Erfahrungen orientieren, umso weniger benötigen sie die Begleitung durch Erwachsene. Bei diesem Prozess müssen sie unterstützt werden, indem ihnen Orientierungshilfen zur Verfügung gestellt werden. Diese Hilfen können unterschiedliche Elemente wie Licht, Farbe, Objekte oder Besonderheiten der Raumbereiche sein.

Bei der Ausrichtung der Räume in Bezug auf die Orientierung müssen die Entwicklungsstadien der Kinder berücksichtigt werden. Kinder, die auf dem Rücken liegen, orientieren sich an dem, was sich über ihnen befindet, beispielsweise Mobiles oder eine farbige Decke mit Mustern. Für die sitzenden Kinder sollte es Orientierungspunkte in Augenhöhe geben. Wenn sie ins „Krabbelalter" kommen, entdecken sie besondere Merkmale auf dem Fußboden, an denen sie sich orientieren.

Sobald sie stehen oder aufrecht gehen können, erweitert sich der Horizont der Kinder beträchtlich.[186]

---

[184] Vgl. Hermann/Wunschel, 2002, S.14f.
[185] Hermann/ Wunschel, 2002, S.15.
[186] Vgl. zu diesem Abschnit Hermann/ Wunschel, 2002, S.15f.

„Podeste, Klettergeräte und Emporen sind nicht nur unübersehbare, sondern vor allem beeindruckende Raumelemente, Bezugs- und Orientierungspunkte. Sie eröffnen den Kindern, die auf sie hinaufsteigen, eine neue Übersicht über den Raum, das Erlebnis von Oben und Unten, von Hoch und Tief, einen Perspektivenwechsel durch die Eroberung der dritten Dimension."[187]

Allmählich gewinnen die Kinder in ihrer Entwicklung ein Verständnis für die Zusammenhänge von Räumen, Entfernungen, Ereignissen und Beziehungen.

Kinder müssen sich auch im zeitlichen Rahmen orientieren können. Lange bevor sie die Uhrzeit benennen können, empfinden sie einen Zeitrhythmus. Das Tageslicht kann im Gegensatz zu künstlichem Licht „bewegliche" Schatten erzeugen. [188]

„Kleine Kinder können anhand von wiederkehrenden Licht- und Schattenspielen an der Wand oder auf Gegenständen Zeitvorstellungen entwickeln. ... . Es lohnt sich also zu beobachten, wie Kinder auf Lichteinfall reagieren, mit ihm spielen und sich daran orientieren."[189]

Daher sollten die Räume in einer Kindertagesstätte lichtdurchflutet sein.

5.2.2 Raumbereiche

„Kinder brauchen für ihre Lern- und Entwicklungsprozesse jederzeit die Möglichkeit zum Spielen und Arbeiten, zur Kommunikation oder Konzentration, für Anregungen oder Rückzug, für Bewegung oder Ruhe. Sie müssen wählen und sich entscheiden können, wann sie im Laufe des Tages was tun möchten."[190]

Eine Kindertagesstätte sollte über mehrere Räume verfügen, die differenziert benutzt werden.

---

[187] Hermann/Wunschel, 2002, S.17.
[188] Vgl. Hermann/Wunschel, 2002, S.17.
[189] Hermann/ Wunschel, 2002, S.17.
[190] Hermann/ Wunschel, 2002, S.28.

Es muss einen ruhigen Raum geben, in dem eine Kuschelecke, ausgestattet mit Matratzen, Kissen und Decken und Bilderbüchern zum Verweilen und Ausruhen einlädt. Zusätzlich können Hängematten befestigt oder kleine Zelte aufgestellt werden. Dieser Raum kann auch zu gegebener Zeit eine entspannte Atmosphäre für ungestörten Musikgenuss oder Schlaf bieten.[191] *„Die Erfahrungen in den Kindertagesstätten zeigen, dass müde Kinder sich gern mal zum Ausruhen oder Schlafen hinlegen, wenn sie darüber frei entscheiden können."*[192]

Ein Raum muss den kreativen und experimentierfreudigen Kräften der Kinder Platz bieten. Ein Atelier oder eine Werkstatt mit einer großen Auswahl an Materialien[193], beziehungsweise ein Raum, der beide Möglichkeiten in sich birgt, ist hierfür geeignet.

Desweiteren muss es einen „lebhaften" Raum geben, einen Raum, in dem entsprechend Platz für Bewegung der Kleinkinder ist. Psychomotorische und sportliche Aktivitäten können hier abgehalten werden, eine angrenzende Turnhalle eignet sich allerdings besser dafür.

Im „lebhaften Raum" können die Kinder krabbeln, kriechen, laufen, hüpfen, springen, tanzen und sich verstecken. Der Raum kann in verschiedene Bereiche geteilt werden. In der einen Ecke kann sich eine „Burg" mit Rutsche befinden, die die Kinder zum Klettern und Verstecken anregt. Diese Burg kann aus mehreren Elementen bestehen: einem Tunnel, einem kleinen Häuschen, versetzbaren Elementen. Der Fantasie beim Gestalten sind nur durch das Budget Grenzen gesetzt. Eine andere Ecke kann ein kleinkindgerechtes Trampolin beherbergen, auf dem die Kinder ihren Gleichgewichtssinn trainieren können. In diesem Raum kann auch eine „Bau- und Konstruktionsecke" ihren Platz finden. Dabei muss darauf geachtet werden, dass diese Ecke gut abgegrenzt ist, damit die Bauwerke

---

[191] Vgl. Hermann/ Wunschel, 2002, S.30ff.
[192] Hermann/Wunschel, 2002, S.33.
[193] Siehe hierzu auch 5.2.5 Materialien

nicht versehentlich zerstört werden. Um die Gefahr des Erstickens durch Verschlucken von Kleinteilen gering zu halten, sollten die Bauteile groß genug sein, damit sie nicht in den Mund genommen werden können. Kleine Legosteine sind ungeeignet.

Es muss außerdem Platz für die „Kleinsten" sein. Ein abgegrenzter, weich ausgelegter und gepolsterter Bereich, lässt auch Säuglinge und Babys am Geschehen der Gruppe teilnehmen.

Es muss in diesem Raum genügend Platz zum Rennen und ungefährlichen Toben geben. Dieser Raum kann zusätzlich für zeitliche Rituale genutzt werden, zum Beispiel für den Morgenkreis, oder für Sing- und Tanzspiele sowie für das Musizieren mit Orff-Instrumenten.

Ein vierter Raum, der Aufenthaltsraum, bietet den Kindern und den Betreuerinnen die Möglichkeit beim Frühstück oder Mittagessen zusammen zu sitzen. Er ist ausgestattet mit mehreren Tischen, die, ganz individuell nach den Bedürfnissen, aufgestellt werden können.

Es muss genügend kindgerechte Stühle geben, aber auch Mobiliar, das für die Bedürfnisse der Betreuerinnen geeignet ist.

In diesem Raum können auch Ordnungs- und Regelspiele am Tisch gespielt werden, es kann gemalt oder gebastelt werden.

Zweckmäßig sollte dieser Raum mit Schränken und Regalen ausgestattet sein, in denen die Kinder die notwendigen Materialien für ihre Aktivitäten mit Leichtigkeit finden.

Eine große Kiste mit verschiedenen Utensilien für Rollenspiele lässt sich hier genauso unterbringen wie eine „Naturecke", in der die Kinder Stöcke, Steine, Blätter o.ä. sammeln können.

Dieser Raum kann zusätzlich eine Dokumentationswand enthalten, an der Fotos und Bilder aus dem täglichen Leben der Kinder in der Einrichtung berichten.

Im Aufenthaltsraum sollte sich auch Platz für die Habseligkeiten und „Schätze" der Kinder finden. Fächer mit Türen sind dafür geeignet, die Türen können mit Fotos der einzelnen Kinder gekennzeichnet sein.

Darüber hinaus sollte es eine, für die Kinder frei zugängliche, kindersichere Küche geben, einen Waschraum, der ausreichend Möglichkeiten zum Experimentieren mit Wasser bietet, einen Wickelbereich in allen Räumen, damit die Betreuerin im Geschehen bleibt, sowie einen kleinen Raum für Erwachsene. Hier können die Betreuerinnen Ruhe finden, Formalitäten erledigen oder Gespräche mit den Eltern führen.[194]

„Kinder mögen es, sich zeitweilig in Raumbereiche zurückzuziehen, die gleichzeitig ‚drinnen und draußen' sind: auf Fensterbänke, in Eingangsbereiche, auf Treppen."[195]

Daher sollten auch diese Bereiche in die Planung für die Raumausrichtung einer Kindertagesstätte mit einbezogen und kindgerecht gestaltet werden.

5.2.3 Lebendige Raumgestaltung

„Räume können nicht nur funktional, sondern auch schön sein, … . Neben der Struktur der Räume kann die Wirkung und Bedeutung ihrer Gestaltung daher gar nicht hoch genug eingeschätzt werden."[196]

Mit einer qualitativen Raumgestaltung wird Einfluss darauf genommen, wie die sensorische Wahrnehmung der Kinder angeregt wird.

Natürliches Licht in den Räumen bedeutet Leben und Bewegung. In den Wintermonaten schafft eine dem Tageslicht ähnliche Beleuchtung eine angenehme Atmosphäre, ideal sind Dimmvorrichtungen. Geiz an dieser Stelle bringt die Kinder um ein Stück ihrer Lebensqualität.

---

[194] Vgl. zu diesem Abschnitt Hermann/ Wunschel, 2002, S.34ff, S.95.
[195] Hermann/Wunschel, 2002, S.60.
[196] Hermann/Wunschel, 2002, S.76.

Eine große Leinwand, die bei Bedarf auf- und wieder eingerollt werden kann, zaubert Schattenspiele und lädt zu fantasiereichen Spielen ein.

Auch Farben sind bei der Gestaltung der Räume von Bedeutung. Farben haben verschiedene Wirkungen auf die Gefühle der Betrachter. Sie machen uns fröhlich, trübsinnig oder aggressiv, sie können Räume kühl oder einladend wirken lassen.[197]

„Wie Räume farblich aussehen sollen, hängt mit der Beschaffenheit der Räume, ihrer Nutzung und dem pädagogischen Konzept der Kita zusammen und muss von den dort arbeitenden .. [Betreuern] gemeinsam beschlossen werden. Die ideale Farbe gibt es nicht."[198]

Bei Wänden, die für Dokumentationen und dergleichen benutzt werden sollen, ist es jedoch ratsam, zurückhaltende Farben zu benutzen.

Auch die Fensterscheiben können bemalt werden, dafür sollten transparente Farben benutzt werden, die das Licht durchlassen.

Eine weitere Möglichkeit, einen Raum lebendig zu gestalten, liegt in der Benutzung von Spiegeln. Hierbei gibt es verschiedene Arten, die differenzierte Erfahrungen ermöglichen.

Es sollten Spiegel im Bad angebracht sein, um die Mundpflege kontrollieren zu können. Es müssen Spiegel angebracht werden, in denen sich die Kinder von Kopf bis Fuß betrachten können, Spiegel mit Flügeln erlauben den Kindern ihre Rückseite zu betrachten, Spiegel über Eck ermöglichen einen neuen und ungewohnten Blick in den Raum, Handspiegel laden zum Experimentieren ein und Spiegel auf den Böden lassen die Kinder über die „Tiefe" staunen.[199]

Konvexe und konkave Spiegel, die den Körper verziehen, eignen sich für ältere Kinder, in einer Kindertagesstätte mit Kleinkindern bis drei Jahren halte ich diese aber nicht für angebracht. Da die Kinder erst dabei sind, sich zu entdecken, könnten sie einen Schrecken

---

[197] Vgl. Hermann/ Wunschel, 2002, S.76ff.
[198] Hermann/ Wunschel, 2002, S.79.
[199] Vgl. Hermann/Wunschel, 2002, S.81, S.84f.

beim Anblick ihres in die Länge oder Breite gezogenen Spiegelbildes bekommen.

5.2.4 Der Außenbereich

Kinder sollten meiner Ansicht nach so viel wie möglich Erfahrungen an der „frischen Luft" machen.

Optimal ist es, wenn der Übergang von drinnen nach draußen so konzipiert ist, dass die Kinder, zumindest in der warmen Jahreszeit, ohne Begleitung der Erwachsenen ihren Aufenthalt selbst bestimmen können.

Der Außenbereich sollte freundlich und strukturiert gestaltet sein. Neben einem großen Bereich, in dem die Kinder mit Sand spielen können, sollte es einen Bereich zum Experimentieren mit Wasser geben.

Ein Bereich sollte zum Klettern, Balancieren und Spielen einladen. Spielgeräte sollten in Form einer Rutsche, Schaukel und Wippe vorhanden sein.

Wenn es das Budget und der Platz zulassen, kann ein „Streichelzoo" mit Kaninchen, Meerschweinchen oder sogar Ziegen die Lebensqualität der Kinder immens steigern. Außerdem lernen die älteren Kinder Verantwortung für ein Tier zu übernehmen, wenn kleine Aufgaben wie Füttern oder Stall ausmisten auf sie übertragen werden.

Ein selbst angelegter Garten lädt zum Blumen gießen ein. Auch Gemüse kann mit Einbeziehung der älteren Kinder angepflanzt werden.

Natürlich dürfen auch ein kleines Häuschen und eine „Garage" für die Rutschautos und Dreiräder nicht fehlen.

5.2.5 Material

Spielzeug darf meiner Ansicht nach in einer Kindertagesstätte nicht fehlen, sollte aber nur in begrenzter Menge vorhanden sein. Hierbei ist darauf zu achten, um welche Art von Spielzeug es sich handelt. Dinge und Gegenstände unterschiedlicher Beschaffenheit und voneinander abweichenden Größen und Formen regen die Kinder zur Auseinandersetzung mit ihrer Umwelt an.

Spielzeug können auch Utensilien aus Küche oder Werkstatt sein. Ein Nudelholz oder ein Sieb kann Kinder genauso faszinieren wie Bauklötze.

Puppen und Kuscheltiere regen zum Rollenspiel an.

Material, das zum Experimentieren und Gestalten anregt, findet sich im Atelier oder in der Werkstatt.

Hier sollte es eine breite Auswahl geben, damit Kinder vielfältige Möglichkeiten zur Förderung ihrer sinnlichen Wahrnehmung haben. Geeignete Materialien sind Farben, Ton, Knetmasse, Knöpfe, Steine, Mehl, Sand, Blätter, Papier, Pappe, Filz, Wolle, Glöckchen, Strohhalme etc.

Da Kinder einer Kindertagesstätte oft noch in dem Alter sind, in dem sie Dinge auch oral erforschen, muss eine Betreuerin die Aktivitäten kontinuierlich beobachten und gegebenenfalls eingreifen, wenn das physische Wohl des Kindes durch Vergiftung oder Ersticken gefährdet sein könnte.[200]

6. Resümee

Bei der Ausrichtung einer Kindertagesstätte muss das pädagogische Konzept meiner Ansicht nach immer die Würde des Menschen beachten, seine Integrität, sein Selbstgefühl, seine Selbstwahrnehmung.

Diese Beachtung ergibt sich aus dem Wissen der Entwicklung des Kindes. Mitarbeiter einer Kindertagesstätte **müssen** wissen, wie sich

---

[200] Vgl. Hermann/Wunschel, 2002, S.87f.

ein Kind entwickelt. Nicht nur im kognitiven, motorischen und im Wahrnehmungsbereich, sondern auch im Bereich der Persönlichkeitsentwicklung. Hier können bei falscher Handhabung Schäden im psychischen Bereich für das ganze Leben entstehen. Doch lassen sich Juuls Ansichten einer neuen Erziehungskultur auf eine Kindertagesstätte übertragen? Ich meine Ja.

Allerdings wird es ein langer Weg dorthin. Die meisten Menschen, die ich kenne, sind im Rahmen der Gehorsamskultur aufgewachsen, in der sie die Liebe der Eltern mit Lob und Tadel verbinden und verlernt haben, sich selbst wahrzunehmen.

Auch ich wurde so erzogen und obwohl ich um die fatalen Auswirkungen dieser Erziehungsmethode weiß, kommt es immer wieder mal vor, dass ich mein Kind lobe, sie auch mal an einem schweren und für mich stressigen Tag in ihrem Verhalten korrigiere oder kritisiere oder sie überfordere. Sie dankt es mir, indem sie die Kooperation aufgibt und mich daran erinnert, *sie* zu sehen und nicht die Tochter, die ich in meiner Rolle als Mutter habe. Und ich danke ihr, dass sie mich auf mein, durch die Gehorsamskultur erworbenes und anerzogenes, Verhalten aufmerksam gemacht hat.

Um Juuls Ansichten in einer Kindertagesstätte umsetzen zu können, muss ein Ruck durch die Gesellschaft und die Politik gehen. Die Eltern müssen am gleichen Strang ziehen wie die Mitarbeiter von Kindertagesstätten.

Für die Kinder ist es von großer Bedeutung, dass Mitarbeiter und Eltern zusammenarbeiten, so wie es in der Reggio-Pädagogik der Fall ist. Wenn sie in der Familie eine völlig andere Erziehungsmethode erfahren als in der Kindertagesstätte, könnte sie dies verwirren und zu einer Störung der Selbstwahrnehmung führen, da sie hin- und hergerissen werden zwischen Unabhängigkeit und Gehorsam.

Ihre Unabhängigkeit muss von Familie und Betreuungseinrichtung gleichermaßen gewährleistet sein.

Die Montessori-Pädagogik ist vom Ansatz her bedeutend für die Unabhängigkeit des Kindes, sich aber nur nach dieser Methode zu richten, halte ich in Bezug auf das kindliche Wohl für unangemessen. Dafür ist diese Pädagogik nicht aktuell genug und hängt zu sehr von den alten Werten ab. Auch im Bereich der Sinneswahrnehmung sind mir die Übungen zu eintönig, zu diktatorisch.

Ich vertrete die Ansicht, dass die Sinneswahrnehmung in der Reggio-Pädagogik optimal gefördert wird, da sie die Ganzheitlichkeit und den stetigen Wechsel der kindlichen Interessen berücksichtigt. Auch die Gestaltung der Räume sollte nach reggianischen Ansätzen ausgerichtet sein.

Die Ausrichtung für eine Kindertagesstätte, in der die Sinnes- und Selbstwahrnehmung optimal gefördert werden, entspringt demzufolge dem reggianischen Ansatz und den Ausführungen Juuls. Miteinander kombiniert und mit dem Wissen, dass die Mitarbeiter kompetente, geschulte und selbstverantwortliche Menschen sind, würde ich mein Kind mit ruhigem Gewissen in dieser Einrichtung betreuen lassen.

7. Quellenverzeichnis

Bücher:

Affolter, Félicie. 1975. *Wahrnehmungsprozesse, deren Störung und Auswirkung auf die Schulleistung, insbesondere Schreiben und Lesen.* In: Zeitschrift für Kinder- und Jugendpsychiatrie. o.O.

Austermann, Marianne/ Wohlleben, Gesa. 2007. *Zehn kleine Krabbelfinger: Spiel und Spaß mit unseren Kleinsten.* 26. Aufl.. München.

Ayres, A.J.. 2002. *Bausteine der kindlichen Entwicklung.* Berlin.

Brinkmann, Wilhelm. *Kindesmißhandllung und Kinderschutz: Problemangemessene Hilfen zwischen karitativer Mildtätigkeit und fürsorglicher Belagerung.* In: Fuchs, Birgitta/ Harth-Peter, Waltraud (Hrsg.).1989. *Montessori- Pädagogik und die Erziehungsprobleme der Gegenwart.* Würzburg.

Böhm, Winfried. 2005. *Wörterbuch der Pädagogik.*16. Aufl..Stuttgart

Dornes, Martin. 2001. *Der kompetente Säugling.* Frankfurt.

Eggert, D./Peter, T.. 2005. *DIAS. Diagnostisches Inventar auditiver Alltagshandlungen.* Dortmund.

Faller, A.. 2004. *Der Körper des Menschen.* Stuttgart.

Garz, Detlef. 2008. *Sozialpsychologische Entwicklungstheorien: Von Mead, Piaget und Kohlberg bis zur Gegenwart.* 4.Aufl.. Wiesbaden.

Gibson, J..1982. *Die Sinne und der Prozess der Wahrnehmung.* Bern/Stuttgart.

Göhlich, Michael. *Reggiopädagogik: Geschichte und Konzeption.* In: Göhlich, Michael (Hrsg.). 1997. *Offener Unterricht, Community Education, Alternativschulpädagogik, Reggiopädagogik: Die neuen Reformpädagogiken. Geschichte, Konzeption, Praxis.* Weinheim und Basel.

Gudjons, Herbert. 2003. *Pädagogisches Grundwissen: Überblick-Kompendium- Studienbuch.* 8.Aufl.. Bad Heilbrunn/Obb.

Hermann, Gisela/ Wunschel, Gerda. 2002. *Erfahrungsraum Kita: Anregende Orte für Kinder, Eltern und Erzieherinnen.* Weinheim/ Berlin/ Basel.

Juul, Jesper. 2008. *Das kompetente Kind: Auf dem Weg zu einer neuen Wertgrundlage für die ganze Familie.* 10.Aufl. Reinbek bei Hamburg.

Juul, Jesper/ Jensen, Helle. 2005. *Vom Gehorsam zur Verantwortung: Für einen neue Erziehungskultur.* Weinheim und Basel.

Juul, Jesper/ Szöllösi, Ingeborg (Hrsg.). 2008. *Aus Erziehung wird Beziehung: Authentische Eltern – kompetente Kinder.* Freiburg im Breisgau.

Kasten, Hartmut. 2007. *0 – 3 Jahre: Entwicklungspsychologische Grundlagen.* 2.Aufl. Berlin/ Düsseldorf / Mannheim.

Krieg, Elsbeth. *Zum Transfer des reggianischen Ansatzes in deutsche Kindertagesstätten und Grundschulen.* In: Göhlich, Michael (Hrsg.). 1997. *Offener Unterricht, Community Education, Alternativschulpädagogik, Reggiopädagogik: Die neuen Reformpädagogiken. Geschichte, Konzeption, Praxis.* Weinheim und Basel.

Laewen, Hans – Joachim. *Bildung und Erziehung in Kindertageseinrichtungen.* In: Laewen, Hans – Joachim/ Andres, Beate (Hrsg.). 2002. *Bildung und Erziehung in der frühen Kindheit: Bausteine zum Bildungsauftrag von Kindertageseinrichtungen.* Berlin/ Düsseldorf/ Mannheim.

Malaguzzi, Loris. *Pädagogik als Projekt: Anmerkungen zur Philosophie der „esperienza reggiana".* In: Göhlich, Michael (Hrsg.). 1997. *Offener Unterricht, Community Education, Alternativschulpädagogik, Reggiopädagogik: Die neuen Reformpädagogiken.Geschichte, Konzeption, Praxis.* Weinheim und Basel.

Malaguzzi, Loris. *Die Erklärung der drei Rechte.* In: Reggio Children.
1998. *Ein Ausflug in die Rechte von Kindern: Aus der Sicht
der Kinder.* Neuwied/Kriftel/Berlin.

Montagu, A.. 2004. *Körperkontakt. Die Bedeutung der Haut für die
Entwicklung des Menschen.* Stuttgart.

Montessori, Maria. 1993. *Kinder sind anders: Il Segreto dell' Infanzia.*
13. Aufl.. Stuttgart.

Montessori, Maria/ Becker-Textor, Ingeborg (Hrsg.). 2002. *Zehn
Grundsätze des Erziehens.* Freiburg im Breisgau.

Montessori, Maria/ Oswald, Paul (Hrsg.)/ Schulz- Benesch, Günter
(Hrsg.). o.J.. *Die Entdeckung des Kindes.* o.O..

Piaget, Jean.1973. *Der Strukturalismus.* Olten.

Piaget, Jean. 1975/2002. *Das Erwachen der Intelligenz beim Kinde.*
Stuttgart.

Piaget, Jean/ Inhelder, Bärbel. 1977. *Die Psychologie des Kindes.*
Frankfurt.

Pitamic, Maja. 2006. *Zeig mir mal, wie das geht!: Spielen, lernen und
fördern mit Methoden der Montessori – Pädagogik.* München.

Raapke, Hans- Dietrich. 2001. *Montessori heute: Eine moderne
Pädagogik für Familie, Kindergarten und Schule.* Reinbek bei
Hamburg.

Schmidt, R.F./Thews, G.(Hrsg.). 2005. *Physiologie des Menschen.*
Berlin.

Seldin, Tim. 2007. *Kinder fördern nach Montessori: So erziehen Sie
Ihr Kind zu Selbstständigkeit und sozialem Verhalten.*
Münchon.

Slngerhoff, Lorelies. 2001. *Kinder brauchen Sinnlichkeit: Die
Bedeutung und Förderung kindlicher Selbstwahrnehmung.*
Landsberg.

Sommer, B.. 1985. *Spiegel, Folien, Licht und Schatten.* In: *Welt des
Kindes.* o.O..

Spitz, René A./ Cobliner, W. Godfrey.. 1974. *Vom Säugling zum Kleinkind: Naturgeschichte der Mutter-Kind-Beziehung im ersten Lebensjahr.* 4.Aufl.. Stuttgart.

Van de Rijt, Hetty/ Plooij, Frans X..2005. *Oje, ich wachse!: Von den 10 „Sprüngen" in der mentalen Entwicklung Ihres Kindes während der ersten 20 Monate und wie sie damit umgehen können.* 3.Auflage. München.

Völkel, Petra. *Kindliche Entwicklung aus konstruktivistischer Perspektive.* In: Laewen, Hans – Joachim/ Andres, Beate (Hrsg.). 2002. *Bildung und Erziehung in der frühen Kindheit: Bausteine zum Bildungsauftrag von Kindertageseinrichtungen.* Berlin/ Düsseldorf/ Mannheim.

Weöres, Ilona/ Anders, Antje. 2006. *Schwanger mit Nelly: Von der Empfängnis bis zu den ersten Wochen mit dem Baby.* München

Winnicott, D.W.. 2006. *Vom Spiel zur Kreativität.* 11. Aufl.. Stuttgart.

Zimmer, Renate. 2005. *Handbuch der Sinneswahrnehmung: Grundlagen einer ganzheitlichen Bildung und Erziehung.* 15. Aufl.. Freiburg im Breisgau.

Interview:

Interview mit Christiane Feuersenger, Leiterin des Kinderladens „ene mene mopel" in der Krätkestraße in Berlin am 14. März 1996, durchgeführt von Elsbeth Krieg.

Internet:

Meichsner, Irene. Frankfurter Allgemeine Sonntagszeitung Gesellschaft: Die unerkannten Schmerzen von Kindern. Artikel vom 29.04.2002.

www.wissenschaft.de/wissenschaft/hintergrund/173117.html, 22.07.2009.

Unbekannter Verfasser. Wenn nichts mehr schmerzt: Analgesie und Hypoalgesie. Artikel vom 24.10.2007.
www.gesundheit.de/krankheiten/schmerz/analgesie-und-hypoalgesie/index.html, 22.06.2009.

Unbekannte Verfasser.Wikipedia- die freie Enzyklopädie.
www.wikipedia.org/wiki/Wahrnehmung, 20.07.2009,
www.wikipedia.org/wiki/Selbstwahrnehmung, 20.07.2009,
www.wikipedia.org/wiki/Kinderladen, 21.07.2009.